Michela Bianchi

ACQUA

La prima narrazione

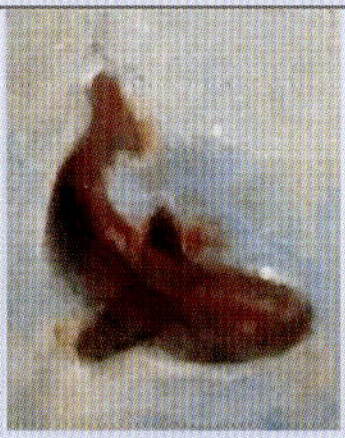

mc movimenti cambiamenti

Suo padre è il sole, sua madre
la luna, il vento la porta
nel suo grembo,
la terra ne è la nutrice.
Essa genera le opere di meraviglia
del mondo.
Il potere di questa cosa è perfetto.
Dolcemente separa la terra dal fuoco,
il sottile dal denso.
Ascende lentamente
dalla terra ai cieli
e ridiscende sulla terra
riunendo in sé la forza delle cose
superiori e inferiori.

Via Vigevano, 45 - 20144 Milano
tel. 02 89408454 fax 0236529203
redazione@mceditrice.it
www.mceditrice.it

ISBN 978-88-88432-31-1

Ideazione e coordinamento
Michela Bianchi

Progetto grafico
Agostino Carabelli

Impaginazione
Agostino Carabelli
Simona Alviano
Barbara Spegne
Elio Manunta

Immagine di copertina
Francesco Santosuosso

Tutte le illustrazioni pubblicate
in questo libro sono state realizzate
per la casa editrice MC
dagli allievi dell'Istituto Europeo di Design
di Milano-arti visive, come progetto di tesi
per l'anno accademico 2009-2010.
A cura del docente di illustrazione
interpretativa Francesco Santosuosso.

Sommario

NOTA PER I LETTORI
Per esigenze tipografiche e per facilitare la lettura, si è scelto di trascrivere i termini in lingua sanscrita, hindi, araba e cinese senza segni diacritici.

Questo è il primo racconto, la prima narrazione. La superficie della terra non era ancora apparsa; vi erano solo il placido mare e la grande distesa del cielo. Nulla era in piedi, solo la calma acqua in un'oscurità tranquilla e immobile.
Poi venne la parola...

mito delle origini Maya

In principio non vi era Essere né Nonessere.
Non vi era l'aria né ancora il cielo al di qua.
Che cosa lo avvolgeva? Dove?
Chi lo proteggeva?
C'era l'Acqua, insondabile e profonda?

Non vi era morte, allora, non ancora immortalità;
di notte e giorno non vi era alcun segno.
L'Uno respirava senza respiro, per impulso proprio.
Oltre a quello non vi era assolutamente null'altro.

Tenebra vi era, tutto avvolto da tenebra, e tutto era Acqua indifferenziata. Allora quello che era nascosto dal Vuoto, quell'Uno, emergendo, agitandosi, mediante il potere dell'Ardore, venne in essere.

In principio Amore sorse,
la primitiva cellula germinale della
mente.
I veggenti indagando nei loro cuori
con saggezza,
scoprirono la connessione dell'Essere
nel Nonessere.

Una linea netta separò l'Essere dal
Nonessere.
Che cosa era descritto al di sopra di essa,
che cosa al di sotto?
Portatori di seme vi erano e forze
potenti,
spingevano dal basso e in alto
avanzavano.

Chi lo sa veramente?
Chi può permettersi di dirlo?
Da che cosa nacque? Da dove originò
questa creazione?
Anche gli Dei vennero dopo
la sua apparizione.
Chi dunque può dire da dove venne
in essere?

Da che cosa la creazione sia sorta,
se si sia tenuta salda oppure no.
Colui che la contempla nell'alto dei cieli,
Egli sicuramente lo sa, o forse non lo sa!

Veda

Di questo universo, in verità sono le Acque che furono prodotte per prime. Per questo quando scorrono le Acque, allora quaggiù viene prodotto tutto ciò che esiste.
Satapatha-brahamana

La terra era tohu e bohu (vuota e assente) e le tenebre erano sulla faccia dell'abisso e il respiro (ruah) di Elohim si librava sulle acque (mayim).
(...)
Ed Elohim disse: "Il firmamento sia in mezzo alle acque per dividere le acque dalle acque". Ed Elohim fece il firmamento e divise le acque che sono sopra il firmamento dalle acque che sono sotto il firmamento.
E disse Elohim: "Siano raccolte le acque sotto i cieli in uno spazio primordiale e appaia la terra ferma".
E disse Elohim: "Le acque brulichino di brulicanti con un'anima vivente".
Genesi

L'acqua è il principio di tutte le cose; le piante e gli animali non sono che acqua condensata e in acqua si risolveranno dopo la morte.
Talete

Noi (Allah) abbiamo aperto le porte del cielo con l'acqua scrosciante e Noi abbiamo fatto traboccare la terra con le sorgenti. Abbiamo separato il cielo dalle terre e per mezzo dell'acqua abbiamo fatto scaturire ogni forma vivente.

I due mari non sono uguali: uno di acqua fresca, dolce, da bere e l'altro di acqua salata, amara, eppure da entrambi mangiate una carne freschissima e traete gioielli di cui vi adornate. E vedrete le navi solcarli sciabordando, affinché possiate procurarvi la grazia di Allah. Sarete riconoscenti?
Egli è Colui che dall'acqua ha creato una specie umana e l'ha resa consanguinea ed affine.
Corano

Teti a Oceano partorì i fiumi turbinosi: Nilo e Alfeo e Eridano dai gorghi profondi, Strimone e Meandro e Istro dalle belle correnti, Fasi e Reso e Acheloo dai gorghi d'argento (...).

(...) altrettanti sono i fiumi dalle rumorose correnti, figli di Oceano, che l'augusta Teti generò (...).
Esiodo

...quella cosa sconosciuta, nota a tutti

E guardo l'acqua perché non ho parole e lo scorrere di lei mi tieni in piedi.

È sempre bambino il corpo che entra nell'acqua, che si lascia portare, coprire, cullare; che beve e l'annusa, si lava, si immerge. Ne assorbe la luce, il colore, la schiuma. Nell'acqua si offre una nuova innocenza. E la mente infine si arrende.

L'acqua mi dà il tempo, il tempo continuo, il presente che vive; sono acqua e sono in pace; la terra si lascia, si scioglie e l'impronta nell'acqua scompare così come è stata.

Qual' è la sostanza delle nuvole, che si fanno in mille forme, come i sogni? sono stati e sfumano. L'acqua continua e ritorna, dal mare alla terra, dal cielo alla terra; comprende, ci comprende, terra, fuoco, luce. Si alza e si abbassa fino ai luoghi che l'uomo disprezza; prende su di sé l'umore del mondo, della roccia, delle pietre, dei rami e i rifiuti del paese. Prende ogni forma, cade, sprofonda e risorge dove non sai. Rinnovata e presente.

Contiene e ci porta la memoria dei viventi; ci immergiamo nell'acqua che hanno bevuto tutti i nostri antenati, in quell'acqua che incessantemente converte se stessa, sempre la stessa sostanza, sempre diversa.

E la luce? La vedo nell'acqua, è li che davvero mi appare, in una miriade di punti che brillano insieme, nel chiarore immenso che tiene limpida l'onda, nel vapore che alza. Dov'è il fuoco nell'acqua? Si sente vibrare, in quel magnetismo che attraversa ogni mia parte.

Nel movimento le cose trovano riposo, sosteneva Eraclito. Quiete insieme a movimento stabilità insieme a cambiamento: è il mistero dell'acqua che ci attrae e stupisce. Nessuna cosa come l'acqua ci conduce al principio della vita: il continuo combinarsi di stabilità e movimento che genera le forme viventi.

> *"(...) quella cosa preziosa che non ha valore, quell'oggetto polimorfo che non ha forma, quella cosa sconosciuta nota a tutti"*
> Zosimo

Perché, si chiedeva Melville, "gli antichi persiani consideravano sacro il mare? Perché i Greci gli assegnarono un dio a sé, fratello di Giove? Tutto questo non è senza significato". E ancora più profondo, secondo l'autore di Moby Dick, è il senso della leggenda di Narciso che, "non potendo afferrare la tormentosa, dolce

immagine che vedeva nella fonte, vi si immerse e annegò. Ma quella stessa immagine anche noi la vediamo in tutti i fiumi e oceani.
È l'immagine dell'inafferrabile fantasma della vita e questa è la chiave di tutto".
Pensare di descrivere l'acqua solo come un liquido con determinate proprietà fisiche e chimiche, vorrebbe dire dimenticare cosa significa da sempre questo elemento per l'umanità; analizzarne solo gli aspetti di rilevanza sociale ed economica non raggiungerebbe ugualmente lo scopo. Non ci farebbe cogliere l'essenza. Come per ogni fenomeno, la comprensione passa attraverso una pluralità di sentieri e gli approdi della ricerca scientifica con i suoi risultati recenti, non possono far dimenticare all'umanità tutto il cammino precedente.
Il patrimonio di miti, tradizioni, filosofie, letterature e arte è, appunto, un patrimonio di saperi che tiene insieme passato e presente e che collega le culture dei diversi popoli. Sull'acqua tale collegamento ha l'evidenza di un fiume che scorre: la parola *mayim*, acque emerge oltre cinquecento volte nell'Antico Testamento, quasi cento volte l'equivalente greco *hydor*, per indicare solo le scritture delle tradizioni a noi più vicine.
Per lungo tempo, i saperi legati a questo fondamentale elemento erano tramandati da una generazione all'altra con la parola ma soprattutto col gesto; in tal modo si è mantenuta viva la relazione uomo-acqua così come il rispetto per i diritti reciproci. "Il fiume si presenta con i suoi diritti in mano", ci ricorda un proverbio mediorientale, di straordinaria attualità.
Ritrovare queste parole, ri-conoscerle rinnova in noi l'emozione di una conoscenza viva, basata sull'intuizione e sull'empatia, di quell'atteggiamento dello spirito che fa dire a Leonardo "ricordati, quando commenti l'acque, d'allegar prima la sperienza e poi la ragione".

L'acqua continua
e ritorna
dal mare alla terra

La terra si lascia in laguna
e l'impronta nell'acqua
scompare

Oggi il mare comprende
ogni cosa
per me solleva del tempo
il bordo scuro
A camminare i sogni della notte prima
sulla linea che stacca
l'acqua dal cielo

1 Le due acque

Questo è il racconto di quando tutto era fermo, calmo, in silenzio; non c'era movimento e la distesa del cielo era vuota.

In molte culture antiche, l'acqua è definita al plurale ed è ricorrente la distinzione tra acque superiori e acque inferiori: le prime costituiscono la potenzialità della creazione, l'increato che potrà venire a essere; le seconde rappresentano ciò che è già stato determinato, che ha già una forma.

Nel Veda le acque erano chiamate *matritamah*, che significa "le più materne"; in India, in generale, le acque sono il principio e la fine di tutte le cose, scorrono illimitatamente ed eternamente.
Anche nel racconto della Genesi la parola *mayin*, acque, è in sé duale: indica le due acque ovvero le acque in alto e quelle in basso; le prime, come ci ricorda Annick de Souzenelle, sono l'Ignoto, L'Inconoscibile, l'Innominabile, l'Increato.
Le acque in basso sono ciò che, creato, non è ancora da noi conosciuto, non ha ancora un nome ma che, avutolo, ridiventerà parte delle acque in alto.
L'inconscio che può diventare un conscio.
Le acque in basso sono dunque collegate a quelle in alto.

Il Dio del racconto biblico separa con la propria azione il cosmo dall'abisso e distingue le due acque.
Quelle sopra di noi, sopra a ciò che chiamiamo firmamento, sono ancora acque, le acque del cielo (la parola cielo, in ebraico *shamayin* potrebbe, a parere di alcuni, essere composta da "acqua, *maim*").

Come si legge in un testo cabalistico del tredicesimo secolo, attribuito al rabbi Abraham Ben Alexander da Colonia, *La corona del buon nome*,
"tutte le esistenze sono contenute nel nome mayim, acqua".
Per la tradizione abramitica, lo spirito di Dio aleggiava sulla superficie delle acque, per la tradizione indiana l'oceano primordiale è Garbhodaka, il Dio chiamato Garbhodakasayi-Visnu che riposa su quelle acque.

Le acque rappresentano l'unione delle virtualità, delle potenzialità creatrici: il pensiero indoeuropeo riconosce il primo Essere, *eka*, l'Uno, "luce che sorge dalle acque"; per i Sumeri *a* significava "acqua", ma anche concepimento, generazione e perfino sperma.

In principio Elohim creò il cielo e la terra

La terra era tohu e bohu (vuota e assente)
e le tenebre erano sulla faccia dell'abisso
e il respiro (ruah) di Elohim si librava sulla faccia
delle acque (mayim)
(…)
Ed Elohim disse: il firmamento
sia in mezzo alle acque per dividere
le acque dalle acque.
Elohim fece il firmamento e divise le acque
che sono sopra il firmamento dalle acque
che sono sotto il firmamento.
E disse Elohim: siano raccolte le acque
sotto i cieli in uno spazio primordiale
e appaia la terra ferma.
E disse Elohim: le acque brulichino
di brulicanti con un'anima vivente.
Genesi

Noi (Allah) abbiamo aperto le porte del cielo con l'acqua scrosciante e Noi abbiamo fatto traboccare la terra con le sorgenti.

Abbiamo separato il cielo dalle terre e per mezzo dell'acqua abbiamo fatto scaturire ogni forma vivente.

I due mari non sono uguali: uno di acqua fresca, dolce, da bere e l'altro di acqua salata, amara, eppure da entrambi mangiate una carne freschissima e traete gioielli di cui vi adornate. E vedrete le navi solcarli sciabordando, affinché possiate procurarvi la grazia di Allah. Sarete riconoscenti?

"Egli è Colui che dall'acqua ha creato una specie umana e l'ha resa consanguinea ed affine".
Corano

Vi era immobilità e silenzio nell'oscurità,
nella notte. Unicamente il Creatore
e il Modellatore (…) si trovavano
sulle acque circondati di chiarore.
(…) Allora giunse la sua Parola.
Si riunì qui con il Sovrano Serpente
Piumato, qui nell'oscurità, nella
notte, e parlarono fra loro
e meditarono; si misero d'accordo,
congiunsero i loro vocaboli
e i loro pensieri. (…)
Allora decisero la creazione.

Popol Vuh

Per i Maya la divinità preesistente alla creazione del mondo, chiamata con molti nomi fra cui *Cuore del Cielo*, è immaginata duplice: femminile e maschile. È *Creatore* (femminile, "Colei che concepisce i figli") e *Modellatore* (maschile, "Colui che li genera".

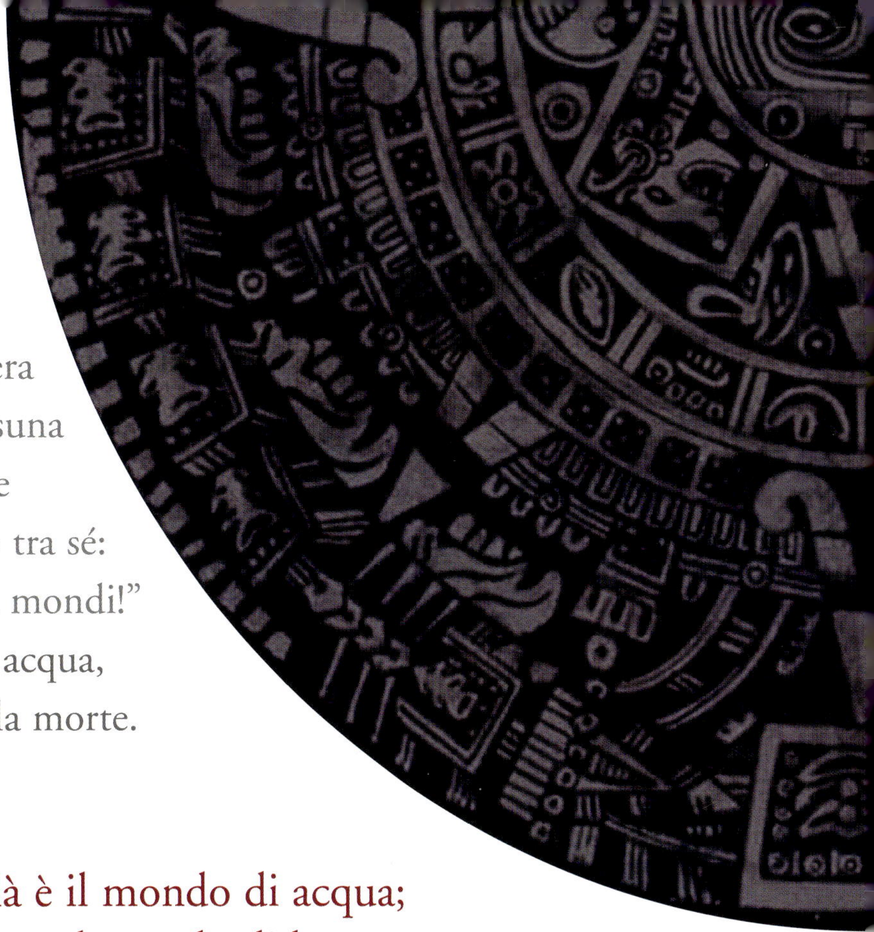

In principio questo era
solo uno, il Sé – nessuna
altra cosa che batte le
ciglia. Egli considerò tra sé:
"Possa io ora creare i mondi!"
Egli creò i mondi di acqua,
dei raggi di luce, della morte.

E le acque:

il cielo e aldilà è il mondo di acqua;
la volta celeste è il mondo di luce;
questa terra di noi mortali
è il mondo della morte;
ciò che giace al di sotto
è il mondo delle acque.

Egli considerò ancora tra sé:
"Possa io ora creare i
protettori dei mondi":
Egli trasse un uomo
dalle acque e
gli conferì
una forma.

Veda

Ed entrai nel Paradiso e vidi le sorgenti delle acque, e l'angelo mi fece un cenno e mi disse: «Osserva - disse - queste acque, poiché questo è il fiume Phison che circonda tutta la terra di Evila, e questo è il Geon che corre intorno alle terre di Egitto e di Etiopia, e quest'altro è il Tigri che è di fronte agli Assiri, e quest'altro è l'Eufrate che bagna la terra di Mesopotamia».

Ed avanzai e vidi un albero piantato, dalle radici del quale fluivano acque, e da esso scorrevano i quattro fiumi, e lo Spirito di Dio riposava su quest'albero, e quando lo Spirito respirava, le acque prendevano a fluire. E dissi: «Signore, è questo l'albero che fa fluire le acque?». E mi rispose: «Infatti, nel principio, prima che cielo e terra apparissero, quando ancora tutte le cose erano invisibili, lo Spirito di Dio si muoveva sopra le acque. Ma da quando per comando di Dio apparvero il cielo e la terra, lo Spirito si fermò sopra quell'albero, e perciò quando lo Spirito respira, le acque fluiscono dall'albero».

Apocalisse di Paolo

L'acqua è il principio di tutte le cose; le piante e gli animali non sono che acqua condensata e in acqua si risolveranno dopo la morte. Talete

Talete dice che l'acqua è il principio delle cose - e sostiene perciò che la terra sta sopra l'acqua – derivando forse questa concezione dal vedere che di tutte le cose il nutrimento è l'umido e che perfino il calore si genera da esso e ne vive: ora, ciò da cui tutte le cose si generano, quello è il principio di tutto. Per questo dunque egli sostiene tale concezione, e anche perché i semi di tutte le cose hanno una natura umida, e nelle cose umide è l'acqua il principio della loro natura. E ci sono alcuni che credono che anche gli antichi che hanno teologizzato molto tempo prima della nostra generazione, abbiano avuto la stessa opinione; così han fatto discendere tutto da Oceano e Teti.

Aristotele

L'acqua è l'archè, l'elemento primordiale, origine di tutte le cose: senza acqua la vita risulta impossibile; tutto è fatto di acqua e tutto fa ritorno all'acqua. Nel VI secolo a. C. Talete aveva intuito che l'acqua era l'elemento base dell'universo. Tale prospettiva ampia e unitaria sull'origine della vita ci viene trasmessa da Aristotele quando afferma che Talete riteneva l'acqua principio delle cose. Probabilmente il filosofo, appartenente alla scuola di Mileto, intendeva indicare che i vari fenomeni della natura, molteplici e diversi nelle loro varie forme, riportassero a un unico principio, l'acqua. Da dove derivava la sua concezione? Aristotele fa delle supposizioni: forse dal vedere "che il nutrimento di tutte le cose è l'umido..."; ma può essere che Talete abbia tratto la sua teoria da osservazioni, anche di tipo meteorologico, durante i numerosi viaggi per terra e per mare. Pare infatti che Talete, grande viaggiatore, abbia introdotto in Grecia le conoscenze di geometria diffuse in Egitto e alcune conoscenze astronomiche apprese dai caldei.

Esiodo

Teti a Oceano partorì i fiumi turbinosi:
Nilo e Alfeo e Eridano dai gorghi profondi, Strimone
e Meandro e Istro dalle belle correnti, Fasi e Reso
e Acheloo dai gorghi d'argento (...)"

"(...) altrettanti sono i fiumi dalle rumorose correnti,
figli di Oceano, che l'augusta Teti generò (...)"

"Invoco Oceano, l'incorruttibile padre che sempre esiste, origine
degli dèi immortali e degli uomini mortali, che della terra
circonda il circoscritto cerchio e da cui nascono tutti i fiumi
ed ogni mare e i casti umori delle fonti terrestri.
Ascolta, o beato e felice, massimo dono degli dèi, diletto
confine della terra, inizio del polo, equoreo nume,
vieni agli iniziati sempre benigno e caro."

testo orfico

Omero chiama Oceano "l'origine degli dei" e "l'origine del tutto". Divinità fluviale dall'inesauribile potenza generatrice, Oceano, come osserva Károly Kerényi, rappresentava anche il fiume e il dio, che dopo la generazione del tutto da lui, continua a scorrere rifluendo in se stesso in un circolo ininterrotto ai margini della Terra, delimitandone il perimetro e costituendo così il confine ultimo per i mortali. Tutte le acque terrestri - mari, fiumi, torrenti e sorgenti - hanno origine dal suo corso inesauribile e potente. Con Oceano vi era Teti, la madre primordiale e dea dell'acqua pronta a concepire e generare il tutto insieme a Oceano.

La Notte, Nyx, rappresentava una delle più grandi divinità, davanti alla quale persino Zeus provava sacro timore. Fecondata dal vento, depose un uovo d'argento, contenente il mondo intero, e divenne la madre comune, dalla quale nacquero gli stessi Oceano e Teti, che diedero vita al primo accoppiamento.

Le relazioni spaziali tra i vari elementi all'interno dell'uovo erano regolate da Chaos, originariamente indicante lo spazio cavo, spalancato, e solo successivamente, con l'introduzione della teoria dei quattro elementi, sinonimo di mescolanza, confusione. Secondo altra versione, Oceano e Teti furono generati quali fratelli dall'unione di Cielo e Terra, per tramite dell'azione di Eros. Strettamente collegati con Oceano erano anche i fiumi dell'Oltretomba, come lo Stige, il Cocito e l'Acheronte, che rafforzano il collegamento sempre presente tra acqua e morte. E l'acqua si lega anche alle profezie degli oracoli. Spesso una profezia veniva rivelata attraverso l'acqua di una fontana o di una sorgente oppure erano gli stessi siti oracolari che terminavano con una fonte, come gli oracoli di Apollo a Didima, Delfi e Rodi. Inoltre, l'acqua assumeva una funzione magica anche in seguito alle pratiche dell'idromanzia, una tecnica divinatoria, in base alla quale era possibile prevedere il futuro osservando liquidi in ebollizione o liquidi di colori diversi.
Si praticava anche studiando i movimenti dell'acqua dopo aver gettato in essa oggetti particolari.

(…) Andrai alle case ben costruite di Ade: v'è sulla destra una fonte,
accanto ad essa si erge un bianco cipresso;
lì discendono le anime dei morti per avere refrigerio. A questa fonte
non accostarti neppure; ma più avanti troverai la fredda acqua
che scorre dal lago di Mnemosyne: vi stanno innanzi custodi,
ed esse ti chiederanno, in sicuro discernimento, perché mai esplori
la tenebra dell'Ade caliginoso. Di': «(Son) figlio della Greve e del Cielo
stellato; di sete son arso e vengo meno: ma datemi presto da bere
la fredda acqua che viene dal lago di Mnemosyne». Ed essi son
misericordiosi per volere del re degli Inferi, e ti daranno da bere (l'acqua)
del lago di Mnemosyne; e tu quando avrai bevuto percorrerai
la sacra via su cui anche gli altri mystai e bacchoi procedono gloriosi.
testo orfico

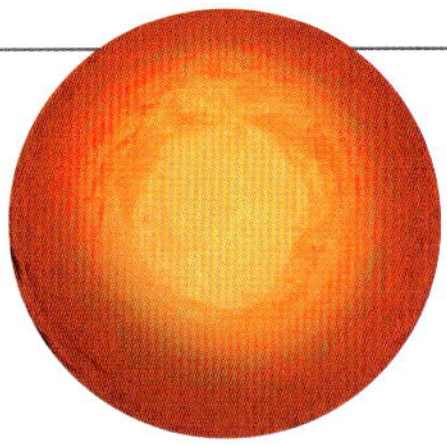

A coloro che entrano negli stessi fiumi continuano ad affluire acque sempre differenti. **Eraclito**

L'acqua non si ferma né di giorno né di notte. Se passa in alto
crea la pioggia e la rugiada. Se passa in basso forma i torrenti e i fiumi.

La bontà suprema è come l'acqua. La bontà dell'acqua sta nel fatto che reca
beneficio ai diecimila esseri senza lottare.
Resta nel posto (il più basso) che l'uomo detesta.
Ecco perché è molto vicina alla Via.
Niente al mondo è più molle e debole dell'acqua. Se le si contrappone un argine,
si ferma. Se le si apre un varco vi scorre attraverso. Si dice che non lotti.
Ma nel contrapporsi contro ciò che è duro e forte, niente può superarla.
Tao te Ching

Suo padre è il sole, sua madre la luna, il vento la porta nel suo grembo, la terra ne è la nutrice. Essa genera le opere di meraviglia del mondo. Il potere di questa cosa è perfetto. Dolcemente separa la terra dal fuoco, il sottile dal denso. Ascende lentamente dalla terra ai cieli e ridiscende sulla terra riunendo in sé la forza delle cose superiori e inferiori.

Si racconta che Alessandro il Grande, conquistatore dell'Egitto, nei sotterranei della piramide di Giza dove era stata ricavata la tomba di Ermete Trismegisto (mitico fondatore della scienza degli antichi), rinvenne una tavola in cui era inciso l'enigma "ciò che è in alto corrisponde a ciò che è in basso" con questa descrizione. Il testo è stato tramandato dagli alchimisti medievali come il più importante documento della tradizione ellenistica.

L'anima dell'uomo
somiglia all'acqua
essa viene dal cielo,
al cielo sale,
e di nuovo ritorna
sulla terra
in perenne vicenda

Johann Wolfgang von Goethe

Perché gli antichi persiani considerano sacro il mare? Perché i Greci gli assegnarono un dio a sé, fratello di Giove? **Certo, tutto questo non è senza significato. E ancora più profondo è il senso della favola di Narciso** che, non potendo afferrare la tormentosa, dolce immagine che vedeva nella fonte, vi si immerse e annegò: ma quella stessa immagine anche noi la vediamo in tutti i fiumi e oceani. È l'immagine dell'inafferrabile fantasma della vita e questa è la chiave di tutto.

Hermann Melville

Secchiello

Il bimbo inginocchiato sulla sabbia rovente
leggeva il mare nel secchiello colmo:
il sasso blu nel fondo e la conchiglia gialla
e il cavalluccio stecchito: dolcemente
lui l'incitava a galla con il piccolo dito.
Parlottava tra sé, rideva nel suggello
delle ciglia abbassate, del cappellaccio stinto.
Né sopra lui l'azzurro aveva attinto
ad altro mare che al suo, nel suo secchiello.

Fernanda Romagnoli

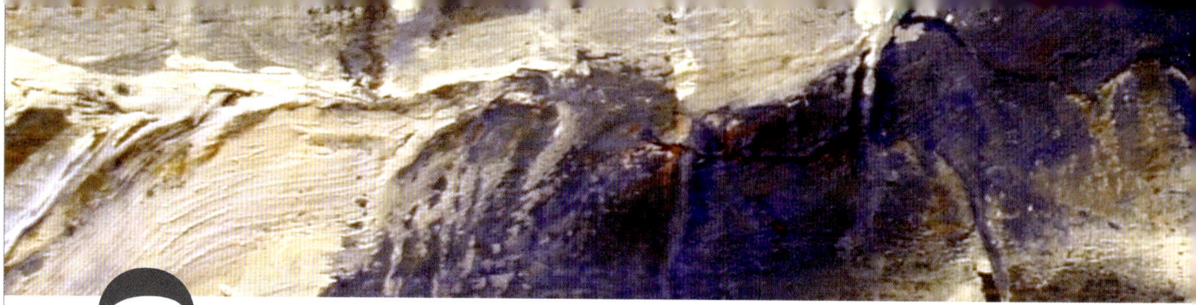

2 L'arca, nuovo inizio

Il periodo chiamato pralaya, la notte cosmica o notte di Brahma dura 4.320.000.000 anni e altrettanto lungo è il suo giorno. Alla fine di ogni Kalpa o giorno di Brahma, un diluvio distruggerà in parte il nostro mondo per dare inizio a una nuova era.

Nella tradizione indiana, il termine pralaya significa la fine dei tempi: dissoluzione, riassorbimento, distruzione. Il pralaya cosmico ha la funzione di riassorbire nell'unità ciò che è stato scisso e dare forma a un nuovo inizio.

Dissoluzione e rinascita nel seno delle acque: in ogni fine è contenuto il germe di un nuovo principio. Il diluvio distrugge le forme di vita ma non le forze che generano la vita; il diluvio come catastrofe mai definitiva che, anzi, continua a ripetersi viene riportata dalle tradizione di quasi tutto il mondo.

Nel mito sumerico dell'epopea di Gilgamesh, si narra di un antico re di nome Utnapishtim che fu invitato dal suo dio a costruire un battello, nel quale avrebbe potuto salvarsi dal diluvio che gli dei stavano per scatenare.
Nettuno, che forma le onde con il suo tridente e fa sorgere dalle onde cavalli e tori, rappresenta il continuo risorgere delle energie cosmiche dal seno dell'acque primordiali.

L'aria era oscura per la spessa pioggia, la qual, con obliqua discesa, piegata dal trasversal corso de' venti, faceva onde di sé per l'aria, non altrementi che far si veggia alla polvere, ma sol si variava perché tale innondazione era traversata dalli liniamenti, che hanno le gocciole dell'acqua, che discende.

Ma il colore suo era dato dal fuoco, generato dalle saette fenditrici e squarciatrici delli nuvoli, i vampi delle quali percotevano e aprivano li gran pelaghi delle riempiute valli, li quali parimenti mostravano nelli lor vertici le piegate cime delle piante.

E Nettuno si vedea in mezzo alle acque col tridente, e vedeasi Eolo colli sua venti ravviluppare notanti piante diradicate, miste colle immense onde. L'orizzonte, con tutto lo emisperio, era turbo e focoso, per le ricevute vampe delle continue saette. Vedovansi li omini e li uccelli, che riempivan di sé li grandi alberi, scoperti dalle dilatate onde, componitrici delli colli, circondatori delli grandi baratri.

Leonardo da Vinci
Figurazione del diluvio

L'uscita di Giona dal ventre della balena ha sempre avuto il senso simbolico della risurrezione, del passaggio ad un nuovo stato; Giona trova nel corpo della balena, pesce guida, pesce salvatore il riparo che Noè trovò nell'arca. Durante la notte cosmica del *pralaya*, l'arca ondeggia sulle acque dell'oceano inferiore mentre l'arcobaleno sorge sulle acque superiori come segno del ristabilimento del nuovo ordine preservato dall'arca. Arca e arcobaleno due figure inverse e complementari che insieme costituiscono la forma circolare dell'unità.

Scrive René Guénon : "la lettera *nun*, nell'alfabeto arabo come in quello ebraico, occupa il quattordicesimo posto e ha il valore numerico 50; ma nell'alfabeto arabo tale posizione è degna di nota anche per un'altra ragione, perché conclude la prima metà dell'alfabeto. Inoltre nelle sue corrispondenze simboliche nell'ambito della tradizione islamica, questa lettera rappresenta soprattutto *El-Hut*, la balena, il che si accorda con il senso originario della stessa parola *nun* che la designa che significa anche pesce; ed è per via di questo che *Seyidna Yunus* (il profeta Giona) viene chiamato *Dhun-Nun*".

Il passaggio a un nuovo stato che si accosta al senso di rinascita si collega nella Cabala ebraica appunto alla lettera *noon*; e questo significato è espresso chiaramente nella forma della *nun* araba. Questa lettera è costituita dalla metà inferiore di una circonferenza e da un punto che è il centro della stessa circonferenza. "Ora", afferma Guénon, "la semicirconferenza inferiore è anche la figura dell'arca galleggiante sulle acque e il punto che si trova nel suo interno rappresenta il germe che vi è contenuto o nascosto; la posizione centrale di tale punto mostra che si tratta del germe d'immortalità".

Il segno dell'Acquario, undicesimo del nostro Zodiaco, è rappresentato da un uomo che tiene un'anfora capovolta dalla quale versa acqua; nello Zodiaco egizio l'uomo dell'Acquario è raffigurato con due anfore per simboleggiare in modo più puntuale la duplicità delle forze: attiva/passiva, distruttritrice/generatrice. In tutte le tradizioni questo archetipo è collegato al diluvio come simbolo della fine di un ciclo di vita, preparatorio a uno nuovo che dunque si genera ancora una volta dall'acqua.
Il segno dei Pesci, l'ultimo segno zodiacale, è il simbolo della dissoluzione delle forme che ritornano all'*akasha*, all'essenza fondamentale di tutto.

Come cambiò il mondo

Si racconta che il mondo cambiò una volta. C'era un gran fiume la cui sorgente era nel mare e la foce in terraferma. Per cambiare il suo corso, Dio fece cadere una pioggia torrenziale e il mondo cominciò ad affondare nella piena del fiume. Un uomo andò da Dio per avvisarlo che il mondo stava affondando ed egli disse ai Choco di salvarsi su zattere di legno.

L'uomo che era andato da Dio preparò la sua casa e disse agli altri di mettere sughero sotto le loro capanne perché potessero galleggiare sull'acqua; ma non gli credettero. Dissero che era una sciocchezza affermare che il mondo affondasse; ma mentre bevevano chica la acque cominciarono a salire. Dopo tre giorni il mondo sparì sotto di esse. La casa dell'uomo era portata dalla piena e galleggiava sull'acqua. (...)
In seguito Dio volle che l'acqua scendesse: quando l'acqua cominciò a ritirarsi l'iguana tirò fuori la testa. Man man che l'acqua si ritirava Dio metteva segni di cenere. Quando arrivò all'altezza della coda dell'iguana, Dio disse agli uomini che l'acqua se ne stava andando. Così il mondo cambiò: la sorgente del fiume andò al posto della foce e la foce al posto della sorgente. Si dice che Dio voglia cambiare nuovamente il mondo.

Tratto da un mito della Colombia.

Nella tradizione afro-brasiliana, la divinità delle acque è Iemanjà, nata dalla spuma del mare, da Olokum, signora degli oceani. Il suo aspetto è grandioso, lunghi capelli di alghe, una corona ornata di coralli sul capo, e un vestito di velo verde intessuto di conchiglie. Si narra che Iemanjà si unì a suo fratello e da questa unione nacque Orugan, lo spazio fra cielo e terra. Orugan cominciò a desiderare la propria madre e Iemanjà scappò da lui; durante la fuga cadde e morì. E il suo corpo cominciò a trasformarsi: dai seni divenuti grandissimi sgorgarono i fiumi e dai fiumi si formarono laghi e lagune. Dal ventre nacquero tredici divinità, fra cui Orum, il sole e Oxum, la luna, Olochà, divinità dei laghi e Ajè-Xalagà, divinità della salute. Uno dei figli di Iemanjà, Oxumarè, è l'arcobaleno, colui che si muove con la pioggia e rivela i suoi segreti.

Un grande manto di piante acquatiche ricopre la testa di Iemanjà e la gente di Bahia racconta che questo manto immenso si vede a volte galleggiare sull'acqua. Iemanjà vive nel fondo nel mare e anche nei fiumi della terra; quando la dea è nel mare, si presenta come una sirena con una lunga coda coperta di squame d'argento.

E venne un giorno in cui Iemanjà si arrabbiò molto per il comportamento degli uomini che avevano sporcato il mare e i fiumi e avevano smesso di ricordarla e onorarla. Decise di seppellire l'umanità sotto le sue onde e ordinò all'acqua di sommergere la terra e di distruggere tutto quanto incontrasse. Il mare si alzò e quando gli uomini videro avanzare quell'immensa montagna d'acqua, cercarono aiuto e pregarono Obatalà, il cielo, perché la fermasse. Iemanjà ascoltò il cielo e arrestò le grandi onde ma a patto che gli esseri umani cambiassero i loro comportamenti. Così ogni volta che il mare s'infuria e si scatenano le tempeste, vuol dire che Iemanjà signora dell'equilibrio, è in collera a causa delle cattive azione degli uomini.

La storia di yu il grande

Un giorno, tanto tempo fa, quando sull'Universo regnavano gli Dei e i Giganti, uno di questi, di nome Kong Kong, durante una battaglia, urtò uno degli otto pilastri che sostenevano la Volta Celeste. Questa oscillò e tutta l'acqua che conteneva si rovesciò sulla Terra. Commosso dal Diluvio che colpiva gli esseri umani, un eroe, Yu il Grande, consacrò tredici anni della sua vita a domare i flutti, senza riposarsi un sol giorno. "Il vento era il suo pettine e i flutti il suo bagno quotidiano", si diceva di lui. Costruendo delle dighe e pulendo i letti dei fiumi, permise alle acque di defluire verso gli abissi e le immense fosse della crosta terrestre. Fu così che, a poco a poco, si formarono i laghi e gli oceani. Con il crollo del Cielo, l'asse della Terra si era leggermente inclinato; allora, il Sole, la Luna, e le Stelle si misero in movimento e, così, i giorni si alternavano alle notti. Tuttavia, il Sole cominciò ad aspirare l'acqua dei mari e dei laghi. Dopo il Diluvio, gli uomini avrebbero conosciuto la Siccità? No, perché sollevandosi, le gocce si raccoglievano in nubi. Il loro peso le faceva ridiscendere, ed esse si incagliavano sulle cime delle montagne, che aprivano loro il ventre, come gli scogli lacerano gli scafi delle navi. E così veniva la pioggia. Da allora, i torrenti si precipitano dalle alte cime per formare i fiumi.

leggenda cinese

Shujing, o "Libro della Storia" (che risale presumibilmente al VI secolo prima di Cristo), parla dell'imperatore Yao e di quando dovette affrontare la grande alluvione delle acque che avevano "raggiunto i cieli".
In questo contesto si colloca l'intervento, descritto nel racconto, del famoso Da Yu, che riuscì con successo a controllare le acque. E fondò la prima dinastia cinese (la traduzione dell'edizione del 1904 datò il diluvio cinese al 2348 a.C. circa, calcolando che questo fu lo stesso anno del diluvio biblico).

Nella letteratura cinese come in molte leggende popolari, si ritrovano numerosi riferimenti ad una donna di nome Nüwa, divinità femminile della creazione, la quale - si racconta - riparò i cieli dopo la grande alluvione o diluvio, e ripopolò il mondo. Nuwa viene raffigurata con la testa di donna e il corpo di animale, serpente o pesce. La leggenda di Nuwa è interessante anche per le tante somiglianze che possiamo rintracciare con i racconti mitici della nostra tradizione. Ne riportiamo alcuni passaggi.

La dea che riparò il cielo

(...) Nuwa arrivò in una grande pianura, tutto era bello, dal profumo dei fiori al canto degli uccelli. Sentiva però che qualcosa mancava. Si avvicinò all'acqua di un fiume, si chinò per bere e, vedendo la sua bellissima immagine riflessa nell'acqua, ebbe l'idea di creare altri esseri umani. Che riempissero il grande spazio della pianura. Allora prese una manciata di fango e modellò una statuetta a sua immagine. Quando la posò a terra, divenne immediatamente viva!

Con grande gioia Nuwa modellò un'altra statua, poi un'altra e un'altra ancora. Ma le statuette erano ancora troppo poche; come potevano riempire quel grande campo? Allora le venne un'idea: immerse un lungo filo di edera nel fango e, quando lo tirò fuori, il fango che cadeva dall'edera diventava subito esseri umani. Nuwa era contenta della sua creazione e iniziò a correre tra le montagne e i fiumi e poco dopo, tutti i campi erano pieni di persone. Da quel momento gli esseri umani vissero in un mondo di delizie, conducendo una vita felice e pacifica.
La prosperità, però, non durò a lungo. Un giorno arrivò una grande tempesta. Il vento soffiava forte e le nuvole riempirono il cielo tra tuoni e fulmini. E infine metà del cielo cadde. Un diluvio torrenziale inondò i boschi e i campi. Il letto del fiume del Paradiso si era rotto e l'acqua cadeva direttamente sulla terra sommergendola.
Vedendo che le persone stavano per affogare, il cuore di Nuwa palpitò. Prese un masso enorme e saltò verso il buco che, dal Paradiso, faceva cadere l'acqua sulla terra. Ma la corrente era così forte che Nuwa venne trascinata via con la roccia. Raccolse il masso e saltò di nuovo, ma ancora una volta la corrente la portò via. Nuwa allora raccolse molte pietre dai bellissimi colori dai fiumi e dai laghi e le accatastò, formando una montagna. Poi tagliò i giunchi dei campi e li mise assieme alle pietre, accendendo un grande fuoco. Il falò bruciò senza interruzioni per nove giorni e nove notti. La Dea Nuwa innalzò allora la montagna in fiamme e saltò verso il cielo. Continuò a riparare e a riempire il foro per sette giorni e sette notti e alla fine, ci riuscì.

Un'immagine molto conosciuta dai cinesi è quella che raffigura Nuwa e il fratello Fuxi abbracciati e intrecciati come due serpenti. La leggenda vuole che Fuxi e Nuwa fossero i fondatori della Cina: Fuxi era il fratello maggiore di Nuwa. Quando si verificò la grande alluvione, i due fratelli restarono nello stomaco di una gigantesca tartaruga bianca per sette giorni e sette notti. L'ottavo giorno uscirono e scoprirono di essere gli unici esseri umani sopravvissuti. Scelsero quindi di accoppiarsi per consentire alla razza umana di continuare ad esistere.

Mencio

Ciò che si deve rimproverare ai sapienti è il loro modo di forzare le cose. Se i sapienti si comportassero come Yu quando convogliò le acque, nulla ci sarebbe da rimproverare. Nel convogliare le acque Yu fece in modo di non dover intervenire continuamente, perché assecondò la loro tendenza naturale. Se gli uomini sapienti si comportassero allo stesso modo, grande sarebbe la verità della loro saggezza.

Il Dio pesce

"Oanne(s), Oen, Oes, mostro metà uomo e metà pesce, venuto dal mare Eritreo, ed uscito dall'uovo primitivo, dal quale erano stati tratti tutti gli altri enti, comparve - dice Beroso - presso un luogo vicino a Babilonia. Egli aveva due teste; quella d'uomo era situata sotto quella di pesce. Alla sua coda erano uniti due piedi d'uomo del quale aveva la voce e la parola. Questo mostro stava fra gli uomini senza mangiare, dava loro la cognizione delle lettere e delle scienze, insegnava loro ad esercitare le arti, ad innalzare templi, edificare città, ad istituire delle leggi, e a fissare i limiti dei campi con sicure regole, a seminare, e a raccogliere i grani ed i frutti; in una parola, tutto ciò che a raddolcire i loro costumi poteva contribuire. Al tramontar del Sole, ei ritiravasi nel mare e sotto le acque passava la notte. Ne comparvero in seguito altri simili a lui: e Beroso aveva promesso di rilevare questo mistero, ma nulla ne è rimasto. Oannes, Oes, dicono gli eruditi, in siriaco significa 'straniero'(...)".

Così il Dizionario Storico-Mitologico di tutti i Popoli del Mondo, edito nel 1824, descrive, citando lo storico babilonese Beroso, la figura di Oannes il mitico dio sumerico dalle fattezze antropomorfe e di pesce. Disceso dal cielo attraverso un "uovo cosmico" questo dio avrebbe fatto le sue prime apparizioni intorno al quarto millennio prima di Cristo. Evidenti tracce di questo mito sono presenti nelle saghe babilonesi e sumeriche e se ne trovano

testimonianze anche in diversi bassorilievi ed incisioni.
Lo storico Beroso vissuto nel terzo secolo prima di Cristo, nella sua opera giunta fino a noi solo attraverso frammenti, racconta come la discesa di questo straordinario essere non fosse stata l'unica della storia della Mesopotamia: anzi, sarebbero stati ben dieci gli esseri divini che discesero sulla terra per aiutare l'uomo.

Il Dio Pesce fa visita al popolo dei Dogon

Cantava l'*hogon*:

E venne un dio dal cielo
e aveva forma di uomo e di pesce.

Rispondeva il coro:

Venne dal tempo e al tempo tornò.
Venne dalle stelle e alle stelle tornò.
Venne dall'infinito e all'infinito tornò.

Ancora l'*hogon* aveva intonato:

Venne volando su un'arca leggera.
Giunse con un gran rombo
e il cielo pianse una pioggia
amara di spavento.
Uscì all'aperto il Dio
e con un gesto quietò il mondo;
non portava la felicità
ma la conoscenza del bene;
non portava sciagure
ma la conoscenza del dolore;
non recava minacce
ma la consapevolezza della forza.

I tamburi erano diventati più intensi. Rullavano nel buio, appena aperto alla luce delle fiamme. Si opponevano i tamburi al cupo rotolare dei tuoni che muovevano un gregge di nuvole nel cielo. Ora la voce dell'hogon era diventata isterica, si alzava di tono, aumentava il ritmo:

Non poteva essere soltanto
uomo il Dio, anche se l'uomo era la sua creatura,
e non poteva essere soltanto belva,
anche se gli animali selvaggi erano le sue creature,
e non poteva essere soltanto fiore e pianta,
anche se i fiori e le piante erano le sue creature.
Doveva essere uno e tutto,
sommare in sé tutti i possibili mondi,
essere fiera e fiore, uccello dai mille colori
e uomo e pesce, Dio della terra e del cielo.

I tamburi assecondavano il ritmo imposto dall'*hogon.* Battevano ora freneticamente, uno sull'altro, e su tutti emergeva fremente il tamburo d'ascella:

Venne dal tempo il Dio
e al tempo tornò. Venne volando su un'arca leggera
insegnò la vita e mise il bene vicino al male,
il bianco di fianco al nero,
perché è dai contrasti che sgorga
la forza e scivola
limpida nel corso roccioso degli anni,
e fece il giorno e la notte, la pietra e l'acqua,
l'uomo e la donna. Venne e diede a tutti
senza nulla chiedere, venne e predicò l'ordine delle cose
e diede all'uomo l'equilibrio e il premio
per il buono e il castigo per il cattivo,
lasciando intendere che l'uno
e l'altro, il buono e il cattivo,
formavano insieme
il germe della vita e non potevano essere scissi.

Il Dio Pesce fa visita al popolo dei Dogon

Gridava l'*hogon* e gli altri si erano uniti a lui,
tutti ritti, battendo anche coi piedi il ritmo
che i tamburi scandivano in modo ossessivo:

Venne dal tempo il Dio e al tempo tornò
lasciando ovunque
l'immenso vuoto del suo passaggio.

Voci e tamburi con un ultimo fremito
si erano taciuti. Gli uomini, immobili,
guardavano il cielo, come in attesa di un segno.
Al centro, il lamantino gemeva sommessamente.
Un raggio di luce aveva colpito la *togu-na.*
Le pietre bagnate vibravano nella notte,
improvvisamente chiusa nel silenzio
di un bozzolo scuro. Lontano uno sciacallo,
tormentato dal diluvio, urlava la sua
indignazione, scrivendo sulla terra i segni
del futuro. I figli degli dei venuti dalle stelle
tacevano spossati: la notte macinava eventi
per un loro oscuro domani, un domani
dominato dalle acque, vita e morte dell'uomo
e dal quel Dio-pesce che gemeva in attesa
di essere restituito al fiume e che, con la sua
sofferenza, ricordava agli uomini la loro fragilità.

da un racconto
di **Vittorio Franchini**

Perché cade la pioggia

In un villaggio della Cina provato dalla siccità viene chiamato un grande saggio perché faccia cadere la pioggia. Il saggio chiede che gli venga messa a disposizione una capanna e che lo si lasci solo. Vi si trattiene alcuni giorni e dopo una settimana arriva la pioggia. "Come hai fatto?" Gli chiede la gente. E il saggio rispose: "quando sono arrivato, ho sentito che serpeggiava tra voi molta ostilità, con sentimenti diversi di invidia, gelosia e amarezza e ho pensato: è impossibile che il cosmo sorrida fin tanto che queste persone saranno in uno stato d'animo del genere! Vi ho allora chiesto un luogo dove potermi mettere in pace con me stesso, in armonia con voi e con l'universo. Quando questa pace e questa armonia sono state ristabilite, la pioggia è caduta…"

L'Eufrate

Ho visto in sogno l'Eufrate,

il suo decorso sonnolento tra

tonfi di roditori e larghi indugi in sacche

di fango orlate di ragnateli arborei.

Chissà che cosa avrai visto tu in trent'anni

(magari cento) ammesso che sia qualcosa di te.

Non ripetermi che anche uno stuzzicadenti,

anche una briciola o un niente può contenere il tutto.

È quello che pensavo quando esisteva il mondo

ma il mio pensiero svaria, si appiccica dove può

per dirsi che non s'è spento. Lui stesso non ne sa nulla,

le vie che segue sono tante e a volte

per darsi ancora un nome si cerca sull'atlante.

Eugenio Montale

3 Acqua salva

Sulla terra sta l'acqua:
l'immagine
della solidarietà

dal libro dell'I Ching

L'acqua circola in un gigantesco e incessante movimento tra le terre emerse, l'oceano e l'atmosfera. Un continuo processo di rigenerazione, unico nel sistema solare, che ha reso possibile la vita in tutte quelle forme che vediamo e conosciamo.

Questo complesso ciclo idrologico, la cui energia è fornita dal sole, ricicla ogni anno circa 570 mila km cubi di acqua. Nel grande ciclo naturale dell'acqua, ogni anno circa 100.000 miliardi di tonnellate cadono sulle terra; di quest'acqua circa 60.000 miliardi di tonnellate evaporano e circa 40.000 miliardi di tonnellate all'anno tornano al mare. Le acque dolci, cioè a basso contenuto salino, presenti nel sottosuolo ammontano ad appena 11 milioni di miliardi circa di tonnellate e quelle dei fiumi e dei laghi ad appena 0,13 milioni di miliardi di tonnellate.

Una parte dell'acqua, circa 500.000 miliardi di tonnellate all'anno, è tenuta continuamente in moto da un ciclo di evaporazioni e condensazioni la cui energia è fornita dal Sole.

L'acqua dolce presente nel pianeta rappresenta il 3% della quantità totale: e più del 2% è trattenuta nei ghiacciai, il resto (meno dell'1%) è l'acqua disponibile per le esigenze dell'uomo, dall'agricoltura agli usi industriali e domestici.

Uno solo scava
il pozzo, ma
sono in molti
ad attingervi l'acqua.
Proverbio del Mali

Acqua risorsa scarsa?

Abbiamo dunque accesso solo all'1% delle riserve idriche. Ciononostante questa quantità di acqua sarebbe sufficiente a dissetare il doppio e anche il triplo dell'attuale popolazione mondiale. In sostanza la disponibilità d'acqua sulla terra è molta di più di quella necessaria per gli impieghi umani ma è distribuita non uniformemente, mal gestita, saccheggiata e inquinata dalle attività umane.
Globalmente le risorse rinnovabili di acqua sono sufficienti. Il problema è la cattiva ripartizione; la questione della penuria d'acqua varia a seconda delle zone geografiche.

Il 12% della popolazione mondiale, quella che risiede nei paesi sviluppati, usa circa l'80% di tutta l'acqua consumata ogni anno nel mondo.

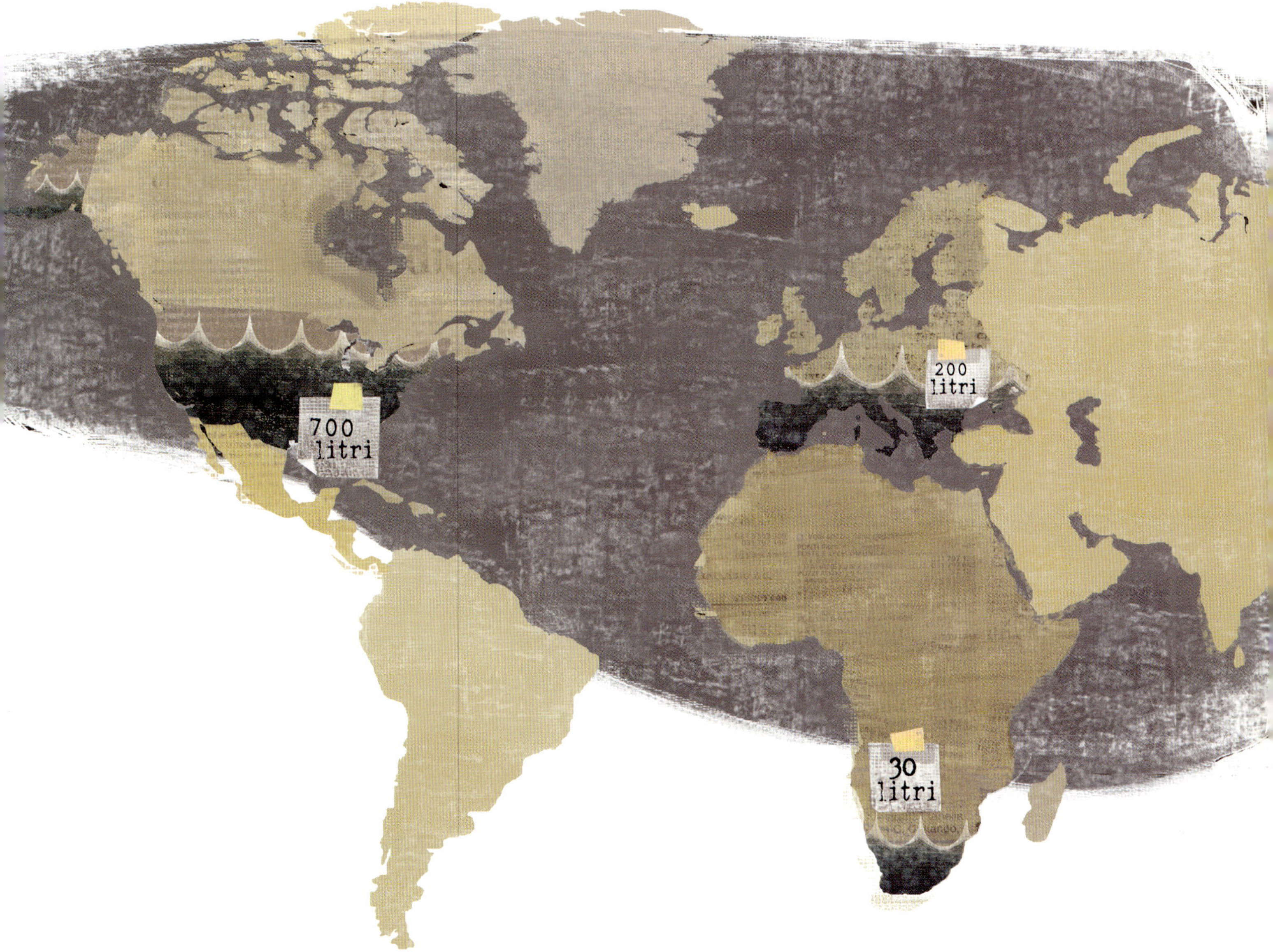

Consumo di acqua pro capite in litri / giorno

50 = soglia minima per UNESCO

450/700 = cittadino USA

260 = cittadino Israele

Il consumo giornaliero considera solo l'acqua primaria, per idratazione e igiene personale, cui si deve aggiungere quella trasformata contenuta nei prodotti d'uso e nei cibi, che porta il consumo a 30 volte di più.

70 = cittadino Palestina

17 = cittadino Congo

Anche sotto l'aspetto della non uniforme disponibilità dovuta a cause naturali (clima e fattori ambientali), si è fortemente ampliata la disparità. Nelle zone rurali dell'Africa due abitanti su tre non hanno accesso all'acqua potabile, e con il passare degli anni la situazione non fa che peggiorare. Nel Nord dell'Africa e in Asia Centrale, la quantità d'acqua disponibile per persona è oggi dieci volte inferiore a quella del 1950. In generale, i poveri del mondo hanno un accesso all'acqua minore dei ricchi, sia per consumo che per igiene; e pagano sino a dodici volte più delle persone collegate a reti d'acqua corrente (i dati sono della Commissione nazionale dell'acqua, creata dalla Banca Mondiale).

La madre dell'acqua

Kimaku fece tutto in modo che il mondo fosse perfetto. Fece la madre dell'acqua che andò per tutto il mondo e lasciò ovunque figlie che sono le madri degli stagni. Tutti gli stagni e i corsi d'acqua hanno una madre. La madre del fiume è una laguna che sta in alto e ha nome Nuka di Sukwa. Tutte le sue figlie si mutavano in lagune. La madre delle lagune si chiama Kausikwe: lasciò molte figlie che sono le lagune, una su ogni colle.

Anche la madre delle coltivazioni è una laguna: accanto ai campi coltivati c'è una pietra ed è lei. Tutto questo è noto al Mama, che sa il nome di tutte le lagune. Una biscia d'acqua sta a guardia delle lagune. Nel fiume lasciò Sakasi. Un'altra madre, Sibalti-Gaya, lasciò una donna come signora dell'acqua, ma lasciò anche una biscia.

I Mama entrano nelle lagune e scendono fin dove sta questa donna che vive in una grande casa. La laguna è sull'altipiano. La madre della neve è Haba-Sulue ed è figlia di una laguna, di nome Sulue. La madre che nacque insieme col mondo è nascosta in un monte, in alto. I Mama possono aprire i monti ed entrarvi. ***Anticamente furono essi a chiudervela perché sapevano che sarebbero venuti i bianchi e l'avrebbero rubata.***

da una leggenda della **Colombia**

Se nell'ultimo secolo il tasso di crescita della popolazione mondiale è raddoppiato, il consumo d'acqua è cresciuto di sei volte. L'irrigazione costituisce il 70% della domanda, l'industria il 20%, solo il 10% il consumo domestico. I costi ambientali dovuti all'aumento della domanda sono molto alti: nel secolo scorso il 50% delle terre umide è scomparso, il 20% delle specie di pesci è minacciato o in pericolo di estinzione, importanti bacini acquiferi sono a rischio di estinzione (almeno 30 dei 47 maggiori fiumi del mondo presentano segnali di stress causati dai comportamenti dell'uomo). Circa due milioni di tonnellate di rifiuti vengono scaricati ogni giorno nei fiumi e nei laghi del mondo. E ogni litro di scarichi inquina ben otto litri di acqua dolce.

Ogni anno per irrigare vengono utilizzati circa tre mila chilometri cubi di acqua, sei volte la portata annua del Mississipi.

L'area irrigata è cresciuta del 45% negli ultimi vent'anni: ormai rappresenta oltre il 15% delle terre coltivabili. Inoltre, più del 50% dell'acqua impiegata per l'irrigazione agricola si perde per l'inefficienza dei sistemi idrici. I rischi dell'irrigazione sono elevati: senza un accurato drenaggio, i sali si accumulano sul suolo favorendo l'avanzata della desertificazione.

Le aree irrigate continuano a crescere nonostante le carenze idriche perchè si usa l'acqua fossile, quella che si trova in depositi sotterranei, che si è accumulata in ere geologiche e che una volta estratta è persa per sempre.

Le stime: l'uso d'acqua potabile aumenterà di circa il 50% nei prossimi 30 anni; si prevede che nel 2025 quattro miliardi di persone, in particolare in Africa, medio Oriente e Asia del Sud soffriranno per la penuria di acqua potabile. Uno studio pubblicato su Nature (ottobre 2010) ha messo per la prima volta in relazione il fattore dell'approvvigionamento idrico umano con il problema della biodiversità a rischio.

È stato calcolato che l'80% della popolazione mondiale sia in una situazione di potenziale scarsità mentre è a rischio l'habitat del 65% dei fiumi. Le zone in cui la biodiversità è minacciata coincidono in gran parte con quelle in cui la disponibilità d'acqua è limitata.

Ciò che ora rimane, paragonato a cosa esisteva,
è come lo scheletro di un uomo morto di stenti. Tutta la terra grassa e morbida è stata spazzata via, lasciando lo scheletro nudo di un paesaggio desolato. Ma a quell'epoca il paese era intatto e tra le sue montagne aveva alte colline coltivabili (...) e molte foreste i cui residui sono visibili anche ai nostri giorni. Ora vi sono montagne che non hanno nemmeno il cibo per nutrire delle api, ma che non molto tempo fa erano ricche di alberi, e le travi ottenute abbattendoli per fare i tetti di grandi palazzi sono ancora intatte (...)
Inoltre tutto era arricchito dalle piogge annuali di Zeus che non andavano perdute come ora scorrendo dalla nuda terra fino al mare; ma il terreno era profondo e all'interno riceveva le acque conservandole in un suolo grasso e accogliente (...) così ogni luogo era provvisto di sorgenti e corsi d'acqua.

Platone **Dialoghi**

L'attuale consumo abnorme di carne ha effetti pesantissimi in termini di bilancio idrico. Il sistema di allevamento intensivo, infatti, consuma e inquina più acqua di qualsiasi altra attività. Basti pensare che per produrre una tonnellata di carne bovina occorrono ben 31.500 mc. di acqua, cioè 31,5 milioni di litri (per produrre una tonnellata di cereali sono, invece, sufficienti 450 mc.). Traducendo in termini di vita quotidiana, significa che per ogni hamburger consumata, oltre a tutto il resto, se ne sono andati più di 6 mila litri di acqua.

Agua que no has de beber déjala correr, déjala para la sed de quien va a nacer.
(Acqua che non bevi lascia che scorra, lasciala per la sete di chi verrà). *Proverbio del Perù*

Chi è stato?

C'era una volta nella brousse un grande e bellissimo stagno dove andavano a bere tutti gli animali. Si sa che tutti quanti, anche l'elefante che è il più grosso di tutti, hanno una gran paura del leone. Un giorno, quando gli animali arrivarono allo stagno per bere, videro, con grandissima sorpresa, che era completamente in secca e non c'era più una goccia d'acqua.

Allora, tutti gli animali si riunirono domandandosi: "E adesso dove troveremo dell'acqua?"

Mentre se ne stavano così riuniti per trovare una soluzione, ecco che arrivò il leone e si mise a gridare: "Chi è stato a esaurire tutta l'acqua dello stagno?". Il facocero, che si trovava anche lui lì, provò una grande paura e disse: "Guardate, il leone ci domanda chi ha esaurito l'acqua dello stagno e la iena è là che sta ridendo!". "No, caro facocero", disse la iena piena di paura, "è il bue che dovete guardare, perché le sue narici sono bagnate. Deve essere stato lui a finire l'acqua!". Allora il leone afferrò il bue e se lo mangiò.

Arouna Ouedraogo

La carenza di acqua, che rende appetibile il mercato di questa risorsa, con prezzi crescenti e buone aspettative di profitto, non è un fenomeno naturale e le sue cause non possono essere solo attribuite alla crescita della domanda. Si può affermare, invece che, per effetto dell'aumento esponenziale degli usi e degli abusi, l'acqua dolce stia diventando scarsamente disponibile in molte parti del pianeta, rendendo così possibile la realizzazione di ingenti profitti per chi riesce ad accaparrarsene la distribuzione.

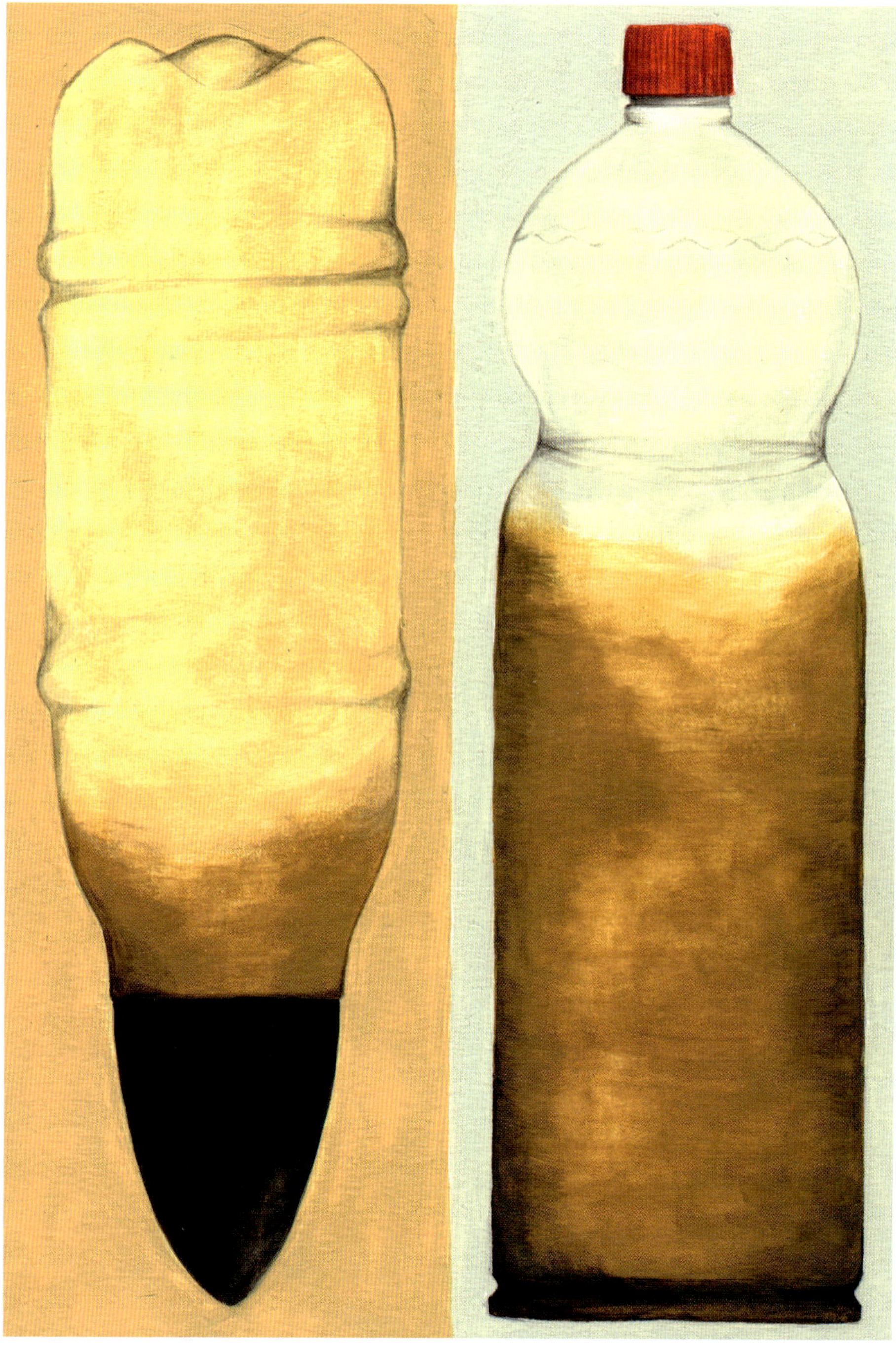

Non è una novità affermare che l'acqua è al centro, in modo diretto e indiretto, di molti conflitti nella storia, non ultimo quello palestinese-israeliano relativo al Giordano oppure turco-curdo-iracheno sulla gestione e controllo dei grandi progetti di dighe sul bacino del Tigri e dell'Eufrate.

Il 45% della popolazione mondiale abita in case che non dispongono di acqua corrente.

Per produrre una tonnellata di carne bovina occorrono ben 31.500 mc. di acqua, cioè 31,5 milioni di litri.

Consumo di acqua in litri per prodotti quotidiani:

- 1 hamburger = 2.400
- 1 kg di aglio = 518
- 1 kg di cereali = 1.543
- 1 kg di pistacchi = 10.864
- 1 kg di vaniglia pura = 96.649
- 1 maglietta T-shirt = 2.400

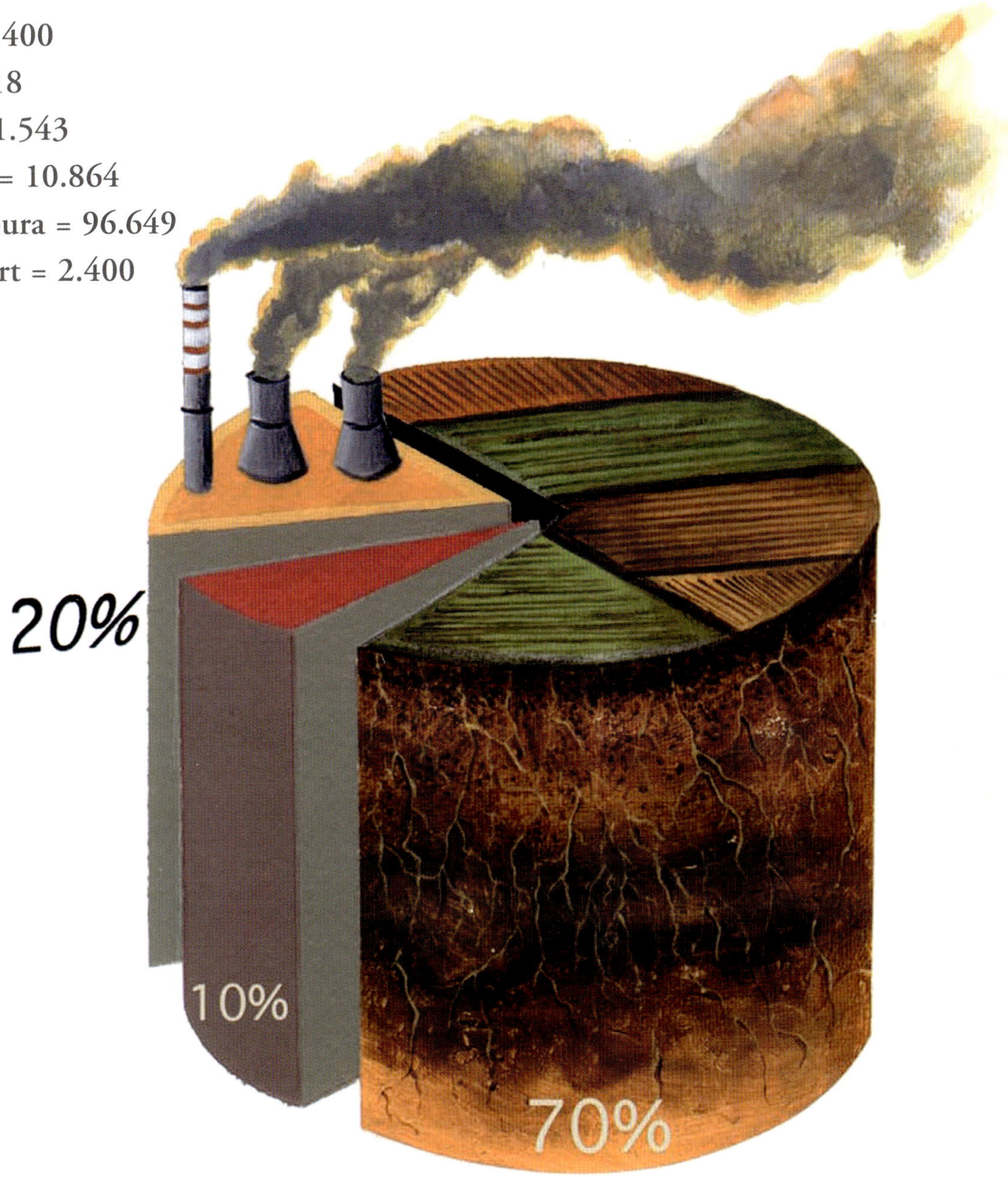

Consumo di acqua per attività produttive:

70% agricoltura
20% industria
10% altre

Maman de l'eau

Questa è la storia di Maman de l'eau. Viene raccontata nelle Americhe, nella Guyana francese e in Louisiana, alle Antille e in Africa. Ma si è mescolata con tanti elementi delle favole del continente europeo. Maman de l'eau è il genio dell'acqua e vive presso le fonti. Ha l'aspetto di una vecchia negra, curva per gli anni. Regna sugli animali perchè è in possesso della "chiave delle acque" di cui tutti gli animali hanno bisogno per saziare la loro sete.
Racconta la storia che tempo fa viveva una ragazzina di nome Citeé. Non era troppo carina, e neanche tanto forte, e forse per questo non era molto amata dalla madre. Questa la trovava un po' sciocca, soprattutto perché non la vedeva mai ridere o cantare, e la sera, dopo il lungo lavoro della giornata, la bambina sedeva con uno sguardo un po' assente sulla riva del mare e sognava...

Citeé aveva una sorella maggiore bella come la Vergine, rotonda come una palla, ma cattiva e senza cuore, che trascorreva la giornata ridendo e cantando senza mai fare nulla; però era il gioiello della madre.

Un giorno Citeé andò a lavare l'argenteria al pozzo e le cadde dentro un cucchiaio; la madre si arrabbiò moltissimo e le disse che se non l'avesse recuperato al più presto se ne poteva pure andare al diavolo. La ragazzina desolata si sporse sul bordo del pozzo e guardò verso il fondo. E appena gli occhi si abituarono al buio scorse sotto l'acqua un gruppo di ragazze che camminavano tenendosi per mano, ognuna delle quali aveva al collo un piccolo cucchiaio legato con un filo d'argento. Improvvisamente la maggiore si staccò dal gruppo e le tese le braccia: senza esitare, Citeé si tuffò nel pozzo e la seguì, nuotando a lungo sotto la terra. Giunse infine in un posto molto luminoso, si guardò attorno e vide in un angolo una vecchia che cercava di sbrogliarsi i capelli con un pettine rotto. La vecchia la chiamò e le chiese di grattarle la schiena. Citeé ubbidì, seppure la schiena della vecchia fosse piena di cocci di bottiglia. Poi la donna, con voce quasi imperiosa, la invitò a seguirla e si diresse verso una catapecchia che stava vicino alla fonte. Gettò in una pentola d'acqua che bolliva proprio davanti alla porta d'entrata un chicco di riso e un pisello, che cominciarono a moltiplicarsi. Disse alla piccola di avere cura della casa in sua assenza, e di stare particolarmente attenta a un vecchio gatto che si aggirava spesso nelle vicinanze: se l'avesse visto avrebbe dovuto rompergli le costole con una scopa.

Maman de l'eau

Ma quando il gatto effettivamente comparve era così vecchio, magro e malandato che Citeé non ebbe cuore nemmeno di scacciarlo; anzi, prese una bella porzione di riso e la diede al povero animale. In quel momento tornò la vecchia, alla quale la piccola raccontò vergognosa di avere già mangiato, per giustificare la misteriosa scomparsa di parte del contenuto della pentola. La maman finse d'indignarsi, ma in realtà si commosse: era stata lei, infatti, a trasformarsi in gatto poco prima, per mettere ancora una volta alla prova la ragazzina. E ora era giunto il momento della ricompensa: la vecchia le disse di andare al granaio, dove avrebbe trovato le sue galline che covavano le uova. Molte di loro le avrebbero chiesto di prendere le proprie uova, ma lei avrebbe dovuto raccoglierne tre proprio da quella che le avesse detto di lasciarla stare. E poi... Citeé, disposta come al solito ad accettare i consigli, ringraziò sorridendo e fece quello che la donna le aveva detto. Lanciò poi, secondo le istruzioni, il primo uovo al primo crocicchio che incontrò sulla strada verso casa.

L' uovo si trasformò in uno specchio d'argento, in cui Citeé si guardò e, con grande sorpresa, si scoprì bellissima! Al secondo incrocio lanciò il secondo uovo e questa volta apparve una stupenda carrozza con tanto di cocchiere e cavalli!

Lasciandosi condurre incredula dalla carrozza, Citeè giunse al terzo crocicchio, lanciò il suo uovo e questa volta le apparve un immenso castello, sulla cui porta, ad aspettarla, c'era un magnifico giovane che le corse incontro, baciandola e abbracciandola come se l'avesse aspettata da sempre... Citeé era incantata da tutto ciò, ma la mattina successiva iniziò a sentire nostalgia della madre e della sorella, e così le fece chiamare a palazzo. Quando videro tutto ciò che le era successo, neanche a dirlo, rimasero senza parole. Ma l'invidia gioca brutti scherzi, e fu così che la madre suggerì alla figlia maggiore di ricercare per sé la stessa fortuna che era capitata alla sorella; sorte che - a suo parere - si addiceva più a lei che a quest'ultima. Mimì, così si chiamava la maggiore, toccata nel vivo, fece come le ordinò la madre: ma andò al pozzo e aspettò con insofferenza, e con la stessa impazienza e sufficienza si rivolse alla vecchia, quando comparve anche a lei alla fine del pozzo. Inoltre, presa dall'ansia di godere il prima possibile di tutto quel ben di Dio, non si preoccupò di seguire i consigli della maman, che punì la sua arroganza e la sua malafede con regali ben diversi da quelli che aveva fatto alla dolce Citeé. Questo perché la maman è in possesso della "chiave delle acque" di cui tutti gli animali, nonché gli uomini, hanno bisogno per saziare la loro continua sete; ma chi ne abusa e non la rispetta...

Fabbisogno e Consumi in Italia.

Il fabbisogno italiano di acqua è di 54 miliardi di metri cubi all'anno. Per quanto riguarda l'uso industriale, l'Italia presenta uno dei peggiori indici di consumo di acqua per unità di prodotto: in Europa con un metro cubo d'acqua si producono mediamente beni per un valore di circa 96 euro, in Italia solo per 41 euro per metrocubo contro circa 120 della Germania o 200 dell'Olanda. L'industria italiana preleva attualmente circa il 37% del totale delle disponibilità. L'agricoltura italiana consuma tra il 50 e il 60% di tutta l'acqua prelevata, fra le più alte quantità d'acqua per ettaro irrigato. Inoltre le perdite dei sistemi di captazione e distribuzione risultano tra le più alte dei paesi europei (le perdite degli acquedotti sono mediamente dell'ordine del 30% con punte superiori al 50%).

Venezia, la memoria dell'acqua.

"L'acqua fa parte del nostro essere, del vivere".

Questa affermazione, raccolta durante una delle tante interviste registrate, racchiude l'idea da cui è nata la ricerca "La memoria dell'acqua": raccontare il rapporto degli abitanti di Venezia e delle isole della laguna con l'acqua che li circonda. Un rapporto quotidiano ma che la trasformazione dei modi di vita, della socialità e del lavoro ha diluito o comunque modificato. L'equilibrio fra terra e acqua, che già dai tempi della Serenissima era stato rispettato attraverso l'intuizione di un autorevolissimo Magistrato alle acque preposto alla conservazione della laguna e dei litorali, comincia ad alterarsi con la fine della Repubblica, nel 1797.

La logica, la filosofia, la concezione della laguna che presiedevano al Magistrato alle acque della Serenissima muoiono con essa. Dopo la soppressione napoleonica degli ordini monastici e la trasformazione delle isole-convento in capisaldi o depositi militari, l'opera metodica e continuativa di mantenimento delle rive e dei marginamenti, di escavo del reticolo dei canali lagunari minori viene vieppiù abbandonata, mentre l'esigenza di far accedere in laguna navigli di tonnellaggio maggiore porta all'approfondimento dei fondali alle bocche di porto. Il nuovo Magistrato alle acque, ricostituito all'inizio del secolo scorso, non riesce ad avere gli stessi intendimenti di quello di epoca repubblicana.
(...)

Negli anni Sessanta, su una situazione già gravemente deteriorata, si inserisce la decisione di aprire una terza zona industriale di Marghera, che comporta nuovi imbonimenti e soprattutto l'escavo del canale dei petroli, che sarebbe servito a portare direttamente le grandi petroliere fino a Marghera, modificando pesantemente l'orografia delle barene, con effetti sconvolgenti sul regime idraulico-lagunare. È opinione generale che la rottura dell'equilibrio fra terra e acqua, il mancato rispetto del sistema ecologico lagunare, accompagnato da altre manchevolezze, come l'abbandono degli interventi di manutenzione dei canali urbani e lagunari, dei murazzi litoranei e delle valli da pesca, siano stati la causa principale dell' "acqua granda" del 1966 e dell'aumento della portata delle maree a cui adesso si vorrebbe porre rimedio con il MOSE. Acqua e terra diventano dunque due elementi contrapposti, la laguna un nemico da allontanare; non si cerca un rapporto di equilibrio ma di "domare" gli elementi naturali, a costo di compiere scempi irreversibili.

da Una città. Venezia, la memoria dell'acqua

All'entrata di Fontamara,

sotto una macera di sassi, sgorga
una povera polla d'acqua, simile
a una pozzanghera. Dopo alcuni passi,
l'acqua scava un buco, sparisce nella terra
pietrosa, e riappare ai piedi della collina,
più abbondante, in forma di ruscello.
Prima di avviarsi verso il piano,
il ruscello col suo fosso fa molti giri.

Da esso i cafoni di Fontamara
han sempre tratto l'acqua per irrigare
i pochi campi che possiedono
ai piedi della collina e che sono
la magra ricchezza del villaggio.

Per spartirsi l'acqua del ruscello
ogni estate fra i cafoni scoppiano
spesso liti furibonde. Negli anni
di maggiore siccità, le liti finiscono
talvolta a coltellate; ma non
per questo l'acqua aumenta.

Ignazio Silone **Fontamara**

La rana non s'ingozza mai
di tutta l'acqua dello stagno in cui vive.

Proverbio Sioux

Consumo di acqua in litri per attività quotidiane:

- **120/160 = doccia di 3 min.**
- **80/120 = lavaggio manuale stoviglie**
- **20 = alimentazione**
- **10 = scarico WC, pari al 30% dell'uso domestico. Riciclando le acque bianche di docce e lavabi, si risparmierebbe il 35%.**
- **6 = igiene orale**

L’utilizzazione delle risorse di acqua dolce, dei fiumi e del sottosuolo, a fini umani è possibile soltanto attraverso un progetto di solidarietà: occorre, cioè, che molte persone lavorino insieme per sollevare acqua dai pozzi; regioni e stati devono collaborare per regolare il flusso dei fiumi ed evitare le alluvioni; e devono accettare regole comuni per diminuire l'inquinamento che distrugge una parte dell'acqua adatta a fini umani.

Come è emerso nei tanti rimandi dei capitoli precedenti, da sempre l’acqua è stata il legame tra l’uomo e l’universo (il primo Essere, eka, l’Uno, per il pensiero indoeuropeo, è “luce che sorge dalle acque”), e degli uomini fra di loro. La comunità umana è sorta e fiorita attorno all’acqua, vivendo, vegliando, partecipando del suo ciclo naturale.
Nella nostra società attuale il ciclo pare interrotto; l’acqua si consuma e nulla di più. Lo stupore è

quasi scomparso, pochi ne conoscono il corso; pochi si fermano a guardarla, e se di valore si parla è per lo più di valore economico.
Leonardo da Vinci, dopo aver studiato per tutta la vita il moto delle acque oltre che il comportamento degli uomini scrisse questa profezia:

l'acqua muterà in modo sua natura che caduta de' nugoli sopra le spiagge de' monti si fermerà per lungo spazio di tempo senza fare alcun moto. E questo accadrà in molte e diverse province.

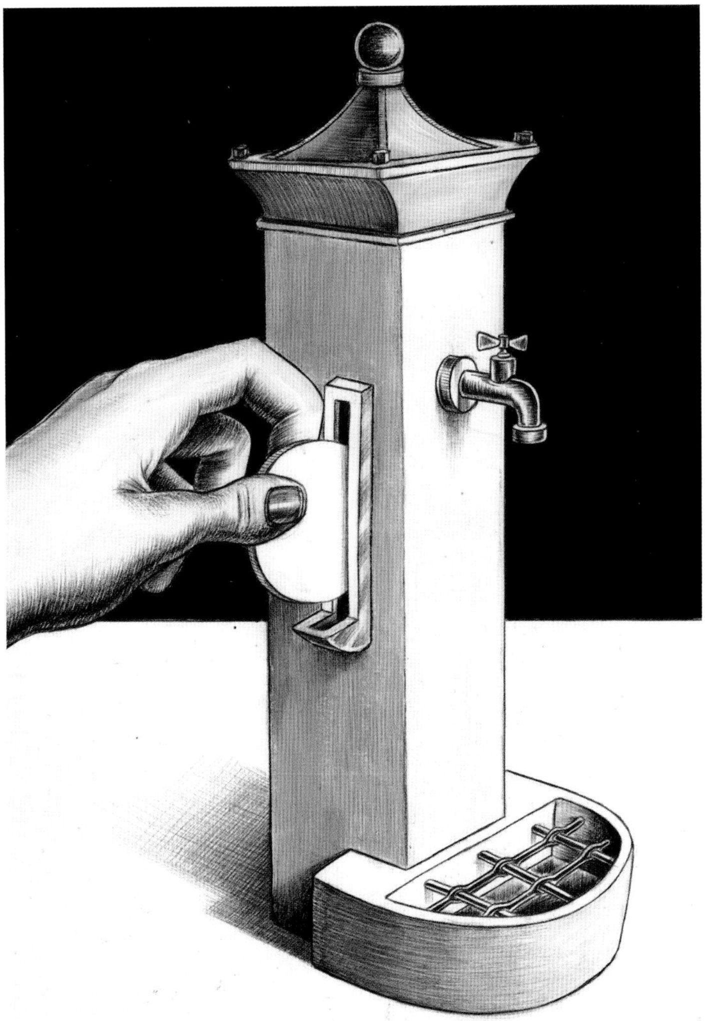

La preveggenza leonardesca sembra trovare agghiacciante conferma negli avvenimenti di questi ultimi anni in cui assistiamo, spesso inconsapevolmente, alla mutazione di un bene fondamentale per la sopravvivenza, da bene comune di tutti i viventi a risorsa economica, soggetta alle leggi del mercato. Il rapporto con l'acqua assomiglia a quello del mercante di pillole per la sete descritto da Antoine De Saint-Exupéry ne *Il Piccolo Principe*; il recupero di quella necessaria e sacra relazione rappresenta una autentica sfida culturale.

“Buon giorno”, disse il piccolo principe “Buon giorno”, disse il mercante. Era un mercante di pillole perfezionate che calmavano la sete. Se ne inghiottiva una alla settimana e non si sentiva più il bisogno di bere.“Perché vendi questa roba?” chiese il piccolo principe.“È una grossa economia di tempo”, disse il mercante. “Gli esperti hanno fatto dei calcoli. Si risparmiano cinquantrè minuti alla settimana”. “E che cosa se ne fa di questi cinquantrè minuti?” “Se ne fa quel che vuole…”. “Io”, disse il piccolo principe, “se avessi cinquantatrè minuti da spendere, camminerei adagio adagio verso la fontana…”.

Antoine De Saint-Exupéry Il Piccolo Principe

È come una marea

È come una marea, quando lei inchioda su di me
i suoi occhi luttuosi,
quando sento il suo corpo di creta bianca e
mobile
stirarsi e palpitare accanto al mio,
è come una marea, quando lei è al mio fianco.

Ho visto, disteso davanti ai mari del Sud,
travolgersi le acque e distendersi
incontenibilmente,
fatalmente
nelle mattine e verso sera.
Acque delle risacche sulle vecchie impronte,
sulle vecchie tracce, sulle cose vecchie,
acqua delle risacche che dalle stelle
si apre come un'immensa rosa,
acqua che continua ad avanzare sulle spiagge
come
una mano audace sotto un vestito,
acqua che penetra tra gli scogli,
acqua che si schianta sui promontori,
acqua implacabile come i vendicatori
e come gli assassini silenziosa,
acqua delle notti sinistre
sotto i mobili come una vena aperta,
come il cuore del mare
in una irradiazione tremante e mostruosa.

È qualcosa che mi rapisce da dentro e mi cresce
immensamente vicino, quando lei è al mio
fianco,
è come una marea che s'infrange nei suoi occhi
e bacia la sua bocca, e i suoi seni e le sue mani.
(...)

Pablo Neruda da È come una marea

4 Moto e delizia

Se l'homo ha in sé
il lago del sangue,
dove cresce
e dicresce il polmone
nell'alitare il corpo,
la terra ha il suo
oceano mare, il quale
ancor lui cresce
e dicresce ogni sei hore,
per l'alitar del mondo.

Leonardo Da Vinci

nel quale percotendo e rimanendo vinta, si divide su la detta percussione in 2 contrari corsi, i quali si partano in $2\frac{1}{2}$ circuli, e rodendo e consumando ogni opposizione, allargano la fossa in forma retonda.
Ma, a dir meglio, quando i fiumi sono pieni, la cadute dell'acque so' meno alte, imperocché la quantità dell'acqua percotendo i loghi più bassi, l'acqua ch'è dopo il colpo non fugge con quelle furia che fa quella che cade; essendo così, questa viene a fare resistenzia, e facendo resistenzia l'acqua alza e la caduta si fa più corta, onde non rinchiude tanta aria, perché, essa caduta, le sue parte di sotto non si dividano quasi dall'altra acqua; essendo così, v'entra poca aria, onde per questo il colpo e peso de l'acqua non ha chi la rivolti in alto e il suo colpo va unito insino al fondo, rimovendo la terra che circonda, e veste di sé le pietre, allarga le profondità de' pelaghi.

Per che modo si causano le fosse per li corsi de' fiumi.

La ragione si è che sempre inel fondo de' fiumi si trova varie grossezze di pietre, e l'acqua, trovando le più grosse, viene nel calare dopo quelle a colpire il loco dove declina, e il colpo rimuove le minori pietre del loro ripercosso, e 'l fondo si fa maggiore, e la caduta cresce e fassi più potente, e maggiormente cava la principiata fossa; e questo accade, perché i fiumi rodano sempre la luta del suo fondo, e sempre scalza e scopre sassi di diverse forme e grandezze (...).

Il vento è in tutto simile nel suo movimento a quello dell'acqua. Universalmente tutte le cose desiderano mantenersi in sua natura, onde il corso de l'acqua che si move cerca mantenere la potenzia della sua cagione, e se trova contrastante oposizione, finisce la lunghezza del cominciato corso per movimento circulare e ritorto.

Leonardo da Vinci

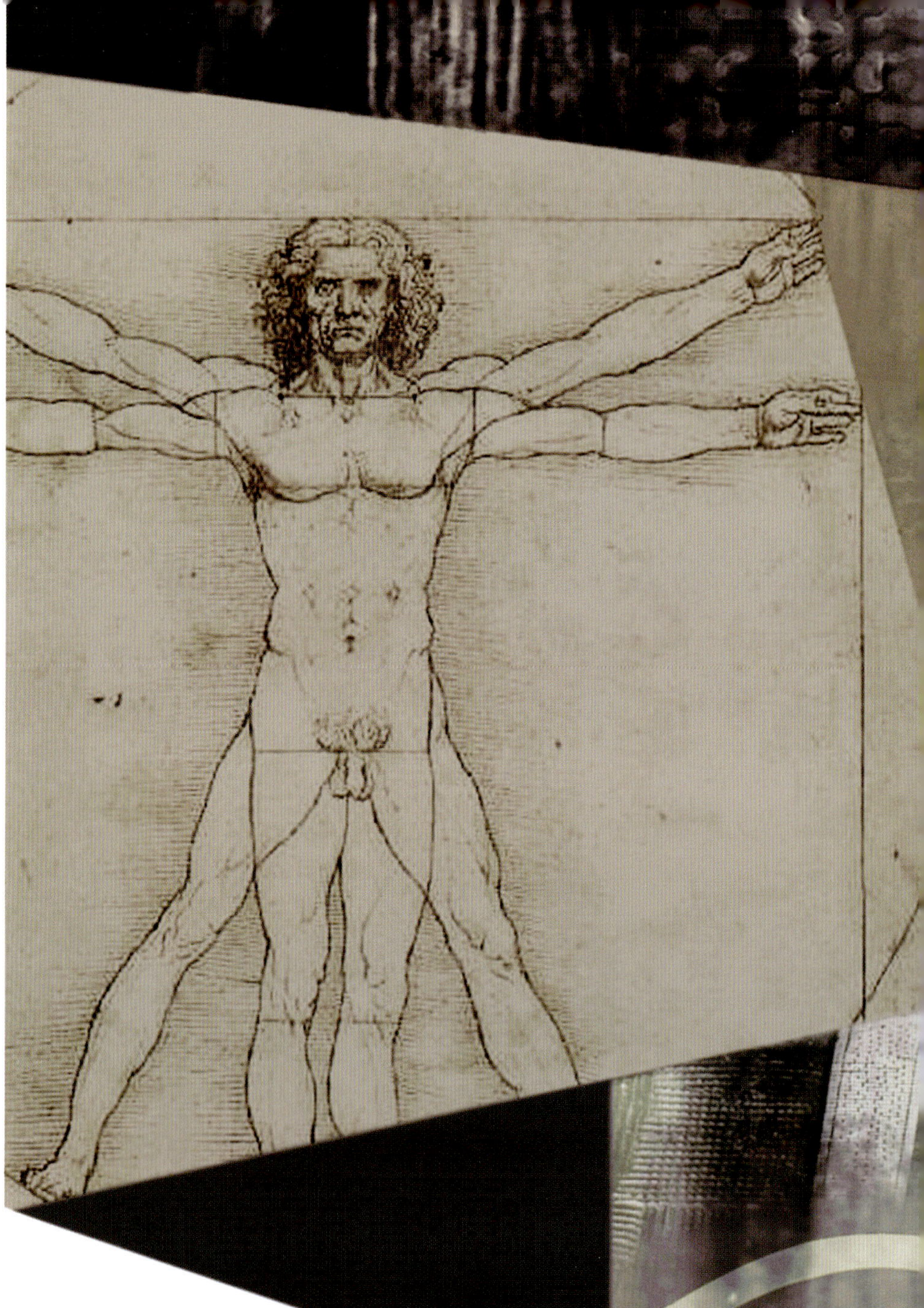

L'acqua che tocchi
è l'ultima di quella
che andò e la prima
di quella che viene,
così il tempo presente

Leonardo da Vinci
Codice Trivulziano

L'intuizione dell'acqua come madre degli esseri viventi fa scrivere a Leonardo: "aumento e omore di tutti i vitali corpi", e ancora: "nessuna cosa sanza lei ritiene di sé la prima forma". Ad attrarre Leonardo è il movimento; lo scorrere, il fluire e il rifluire proprio dell'acqua risuonano nella sua mente come i processi comuni e misteriosi che informano la realtà del vivente. Leonardo ha sempre cercato il livello più sottile e fondamentale nei fenomeni che osservava. La natura è per lui un organismo vivente intessuto di relazioni. Comprendere la natura significa per lui cogliere queste relazioni (in modo ancora oggi affascinante e sorprendente egli comprese la relazione e l'interazione continua fra acqua e terra). Con un metodo che ha caratterizzato tutto il suo lavoro di scienziato: fidarsi dell'esperienza e privilegiare l'esperienza come strumento conoscitivo.

E che gli fa dire, appunto:

"Ricordati, quando commenti l'acque, d'allegar prima l'esperienza e poi la ragione".

Sarebbe importante per tutti noi riprendere tra le mani i suoi taccuini sulle acque, questi soliloqui scritti di getto, anche in modo sgrammaticato, dalla forma arcaica ma dal contenuto ancora e sempre sorprendente.
Ciò costituisce il meglio e il maggior lascito della visione articolata e antiriduzionista della sapienza rinascimentale.
Successivamente, il pensiero scientifico, in occidente, ha avuto la pretesa di fornire spiegazioni complete della realtà, di rappresentarla in senso astratto e calcolabile, svilendo o negando la fiducia nei sensi, la passione, la ricchezza inesauribile e non catalogabile dell'esperienza.
Ma l'eliminazione dell'esperienza diretta, della testimonianza che viene dal vedere, dal sentire, e dal patire ha lacerato la relazione tra l'uomo e la natura, ha spezzato e interrotto il rapporto diretto con il reale.
Proprio la distanza che ci ha via via separato dall'esperienza diretta con questo bene ha permesso, per così dire, l'alterazione di un rapporto, sacro ed essenziale per millenni. Ed ha aperto la strada ad una relazione prevalentemente di consumo, e di consumo "acritico". Privati della conoscenza diretta, rimane e domina la conoscenza mediata con i suoi dogmi, che a volte, nel linguaggio dei mass media diventano slogan e, come tali, sfuggono al contraddittorio.

Aristotele nel XI libro della Metafisica scrive che

"Dio crea la vita, di cui è il principio, con l'energia della mente e opera la creazione come qualcosa che è amato".

Molti secoli prima di Aristotele la cultura vedica esprimeva in forma poetica lo stesso pensiero e cioè che la vita fu creata per opera di *kama* e *manas*, rifrazioni delle acque lucenti (*ka*) e di quelle oscure (*na*) in continua espansione nel cosmo.
Secondo quanto sappiamo, il kama (*Kam*, radice verbale per "desiderare amare") è sempre stato connesso con le acque come dimensione gioiosa e amorosa delle acque lucenti.

Del peso e della velocità

… il sasso gittato con veloce moto sopra dell'acqua senza moto, esso sasso va balzando sopra tale acqua e per alquanto spazio saltando nel fin sopra di quella; e mai non si dirizza perpendicularmente al fondo, se l'impeto non è in tutto separato da esso mobile.

Avendo concluso molte cose con semplici esempi, noi verreno alle prove e diren così:

se l'acqua corrente si move con potenzia di 4 gradi e 'l sasso e in quella gittato vol discendere con potenzia di 4 gradi ancora lui, questo moto, che farà il sasso in essa acqua corrente, a comparazione del moto che esso sarebbe fatto nell'acqua senza moto fia quel che sarebbe l'obliquità del diametro del quadrato alla rettitudine della sua costa: perché nel rimo grado che 'l sasso entra nell'acqua, l'acqua lo scaccia un grado di moto, onde un grado è entrato e un grado s'è discostato dal suo perpendiculare; e così segue successive.

Ma il sasso gittato per obliquo dalla superficie al fondo dell'acqua morta fa…
I' lascerò qui stare le prove, le quali si faran poi nell'opra ordinata, e attenderò solamente a trovare casi e invenzioni e le metterò successivamente secondo che le vengano; e poi darò ordine, mettendo insieme quelle di un medesimo genere; s' che per ora non ti meraviglierai, né riderai di me, lettore, se qui si fan fran salti da materia a materia.

Ora, per tornare, dico che le cose gravi più dell'acqua non son mosse dall'acqua, se essa non diventa, mediante impeto, più grave della cosa i' lei sommersa. Nessun fiume porta cose più di sé gravi, s'elle non si fanno minute, come le minuzie insensibili della lita over fango, il quale si sostiene infra l'acque quasi senza moto, e la rena con più moto, e la ghiara e sassi in tanto più veloce moto, quanto essi sono più gravi. Dove l'acqua de' fiumi ha maggiore corrente, quivi fia trovati più grossi sassi sopra del fondo; dove l'acqua ha minor corrente ordinaria quivi fia più sottil (…)

Si come la pietra gittata nell'acqua si fa centro e causa di vari circuli, il sono fatto nell'aria circularmente si sparge. Così ogni corpo posto in fra l'aria luminosa, circularmente sparge e empie le circunstanti parti d'infinite sue similitudine, e appare tutto per tutto, e tutto in ogni parte.

La pietra gittata nell'acqua si fa centro di vari circoli, i quali hanno per contro il loco percosso. E l'aria similmente s'empie di circuli, dei quali i lor centri sono i soni e vace fatte in quella.

L'onde intersegate a uso di scorza di pina rendano il simulacro del sole di grandissimo splendore. All'acqua che entra nel pelago di circolare figura, e della quale la linia della sua percussione sia in congiunzione rettangula collo stremo del diametro di tal pelago, è necessario generare un moto circunvolubile il quale vada diminuendo inverso il suo centro a uso di chiocciola.

Leonardo da Vinci da "Del moto della misura dell'acqua"

Bisogna rispettare l'età delle acque perché sono sostanze antiche. Tertulliano

Tradizionalmente i diritti umani sono sempre stati contrapposti all'abuso dei poteri autoritari. In particolare, i diritti di libertà individuale, in tutte le loro implicazioni, hanno inteso porre limiti al potere repressivo degli stati e degli eserciti nei confronti dei singoli e delle collettività. Il liberismo che domina l'economia mondiale, invece, in forma molto più subdola, agisce nella direzione opposta: sta attuando una generale espropriazione delle risorse e dei diritti essenziali delle genti. Anche qui, processi economici e culturali si realizzano di pari passo. Non è un caso che, proprio mentre le attenzioni della speculazione si concentravano sui servizi idrici mondiali, siano state sottoscritte dichiarazioni internazionali che, in larga misura, assecondano gli appetiti (o meglio, la sete) degli interessi economici forti. Così, alla Conferenza internazionale organizzata dall'ONU a Dublino, nel 1992, pur riconoscendo, a parole, l'accesso all'acqua come diritto, si afferma che "l'acqua ha un valore economico in tutti i suoi usi correnti e dovrebbe essere riconosciuta come un bene economico" e che solo compatibilmente con questo principio (economico) va riconosciuto "il diritto di base di tutti gli essere umani ad avere accesso all'acqua potabile… a un prezzo sostenibile". È del tutto evidente la portata devastante di simili dichiarazioni: l'accesso alla risorsa primaria è subordinato al pagamento di un prezzo, che equivale a negare in radice il diritto.
Infatti, si paga un prezzo (cioè, un corrispettivo che implica un margine di profitto) per acquistare un diritto detenuto da chi lo vende e di cui chi compra ha necessità. Non è casuale che in un altro vertice mondiale in materia, all'Aja nel 2000, l'accesso all'acqua sia stato ufficialmente degradato da diritto a bisogno. Dopo Dublino è stata posta un'altra pietra miliare sul cammino del degrado culturale e della negazione dei diritti fondamentali. Il problema dell'accesso all'acqua è, anzi, divenuto emblematico dell'ambiguità sui concetti di diritto e di bisogno.

Tutti, in qualche misura, siamo vittime di questa ambiguità, ma in modo particolare i giovani, bombardati costantemente da messaggi di natura puramente mercantile e che riducono la realtà a un unico schema interpretativo: il mercato e i termini di riferimento costituiti dalla domanda e dall'offerta. Da qui l'ulteriore assioma che tutto ha un costo e, quindi, tutto ha un prezzo; con la conseguenza che tutto si deve pagare e che, di fronte alla scarsità della risorsa, la legge del mercato costituisce l'unico regolatore. Si vuole accuratamente rimuovere un principio culturale, prima che economico o politico: nell' affrontare il problema della distribuzione delle risorse i criteri per far fronte alla scarsità sono due e non uno solo. Oltre al mercato e prima del mercato esiste, infatti, la solidarietà.
Le due opzioni hanno effetti ben diversi, già soltanto in linea teorica: il mercato seleziona i soggetti, escludendo quelli che non hanno capacità economica sufficiente; la solidarietà seleziona i bisogni, dividendo fra tutti, nei limiti della disponibilità e del soddisfacimento dei bisogni essenziali.
Le conseguenze dell'opzione di mercato su larga parte della popolazione mondiale sono scontate: se già oggi gli uomini che non possono pagare per avere acqua potabile sono circa un miliardo e mezzo e nel 2020 saranno il doppio, la sorte dei meno fortunati è già stata decisa.
Le scelte economiche e le teorie che si ispirano al pensiero unico, apparentemente tecniche e asettiche, incidono, in realtà, sulla vita in modo molto più efficace dei regimi più sanguinari. Sul piano culturale, comunque, questa impostazione, non solo sta prevalendo nella realtà economica, ma con la sua forza corruttrice si sta imponendo alle coscienze. In larga misura è stata introiettata anche dal pensiero una volta oppositivo. Da qui nasce la difficoltà di disvelare, in particolare alle giovani generazioni, la gabbia culturale in cui ci siamo lasciati rinchiudere.
Ma la difficoltà può diventare anche una sfida, un coinvolgente impegno civile a capire e a far capire il degrado in cui stiamo affondando.
La questione dell'acqua, con la sua essenzialità, può essere uno dei punti di partenza del recupero di valori e di concetti indispensabili al vivere sociale.

Marco Manunta

L'acqua muterà in modo sua natura
che caduta de' nugoli sopra le spiagge de' monti
si fermerà per lungo spazio di tempo
senza fare alcun moto.
E questo accadrà in molte e diverse province.

Leonardo da Vinci

Progetto per un giardino di delizie

Col molino farò generare vento d'ogni tempo della state, farò elevare l'acqua surgitiva e fresca, la quale passerà pel mezzo delle tavole divise…

El vanale fia largo mezzo braccio, con le zaine al continuo freschissime coi lor vini, e altra acqua correrà pel giardino, adacquando li pomeranci e cedri a lor bisogni; li quali cedri saran permanenti, perché il sito sarà in modo adattato, che con facilità si copriranno, e il caldo, che al continuo spira la invernata, fia causa di mantenerli assai meglio che 'l foco, per due cause: e l'una è che esso caldo de' fontanili è naturale, ed è il medesimo che riscalda la radice di tutte le piante; il secondo è che 'l foco è caldo accidentale a esse piante, per essere lui privato d'umido, e non è uniforme, e non è continuo, perché è più caldo nel principio che nella fine, e spesse volte è dimenticato dalla indiligenza de' lor curatori.

A li fontanili si debbe segare spese volte le sue erbe, acciò che l'acqua sia veduta chiara, colli lor fondi chiarori, e sol si lasci erbe atte al nutrimento de' pesci, come crescioni e simili altre erbe. Li pesci debbono essere di quelli che non intorbidino le acque, cioè non vi si metta anguille, né tinche, né ancora lucci, perché distruggan li altri pesci. Farassi, mediante il mulino, molti condotti d'acqua per casa, e fonti in diversi lochi, e alcuno transito dove, che vi passerà, per tutte le parti di sotto salterà l'acque allo insù, e così farà a posta di chi vorrà bagnare sotto alle femmine o altri, che di lì passerà.

Disopra faremo una sottilissima rete di rame, la qual coprirà il giardino, e rinchiuderà sotto a sè molte varie sorte d'uccelli, e così arete musiche continue, insieme con li odori de' fiori di cedri e limoni. Col mulino farò continui soni di vari strumenti, li quali tanto sonerai, quanto durerà il moto di tal molino.

Leonardo da Vinci Codice atlantico

Rimanete fedeli Rimanete

alla terra
fedeli all'acqua
Satapatha-Bramanha

IMMAGINI

Irene Spallanzani p. 15

Stefano Pietramala p. 16

Maurizio Brocca p. 17

Francesco Gulina p. 19

Alberto Fiocco p. 23

Valentina Nini p. 25

Stefano Pietramala p. 27

Alberto Fiocco p. 30

Maurizio Brocca p. 32

Valentina Nini p. 34

Stefano Pietramala p. 37

Stefano Pietramala p. 39

Alberto Fiocco p. 43

Alberto Fiocco p. 44

Valentina Nini p. 47

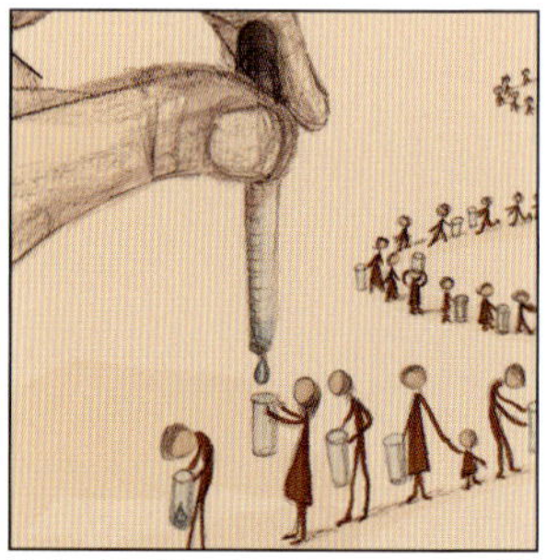
Federica Rossi p. 48

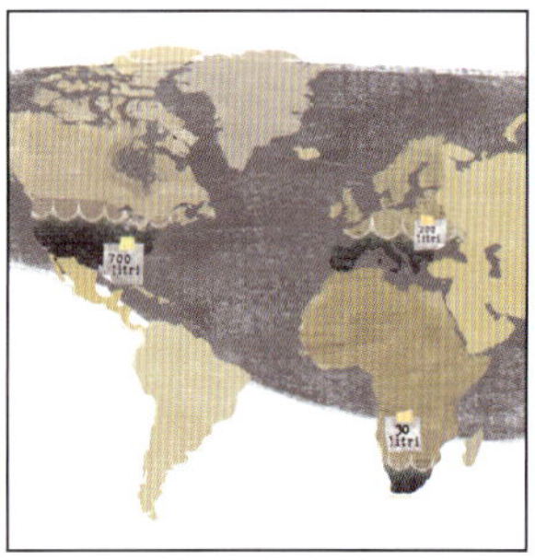
Silvia Mauri p. 49

Alberto Fiocco p. 51

Benedetta Giovannelli p. 52

Silvia Mauri p. 55

E AUTORI

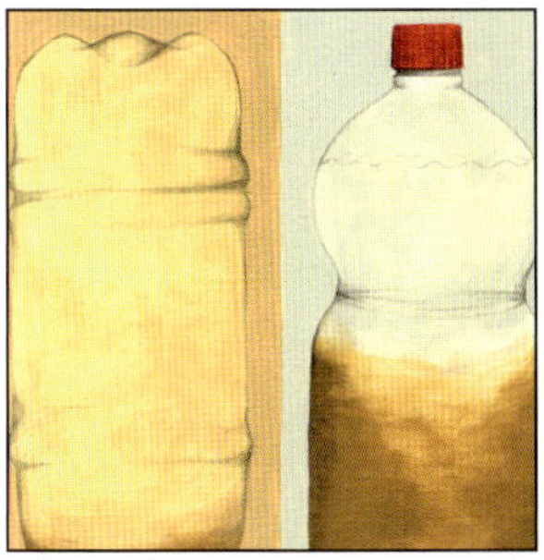
Alberto Fiocco p. 56

Maurizio Brocca p. 57

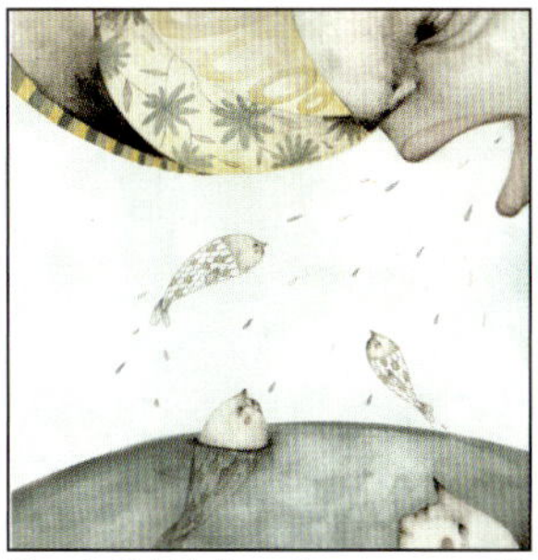
Sarah Edith Lombroso p. 59

Alberto Fiocco p. 61

Laura Zangrando p. 63

Alberto Fiocco p. 65

Maite N. Tejerina p. 66

Vera Regalia p. 67

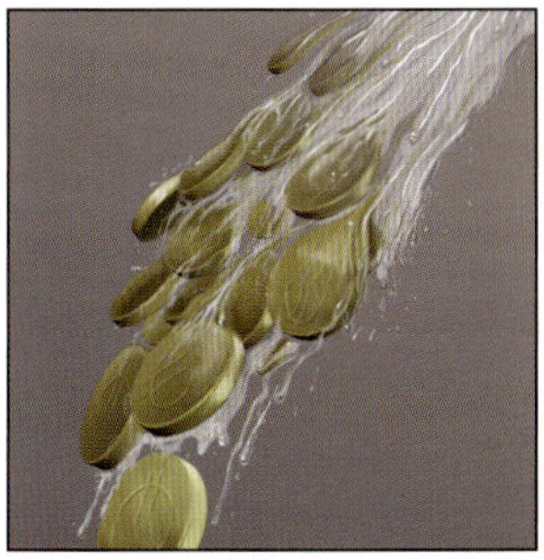
Angelo Condello p. 68

Diego Severgnini p. 69

Maddalena Gerli p. 70

Luisa Somaschini p. 72

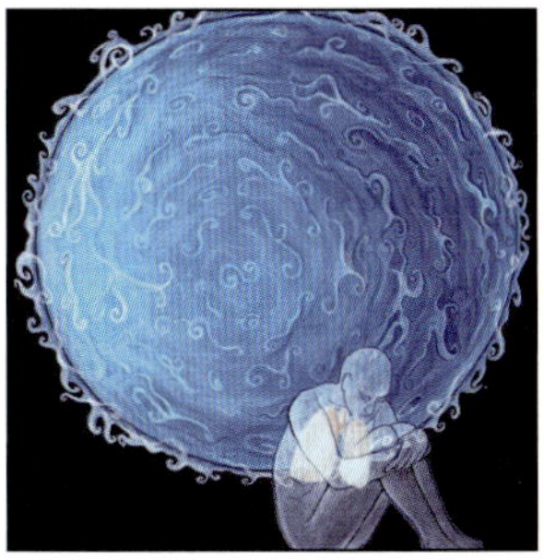
Valentina Nini p. 75

Stefano Pietramala p. 76

Chiara Torelli p. 79

Stefano Pietramala p. 81

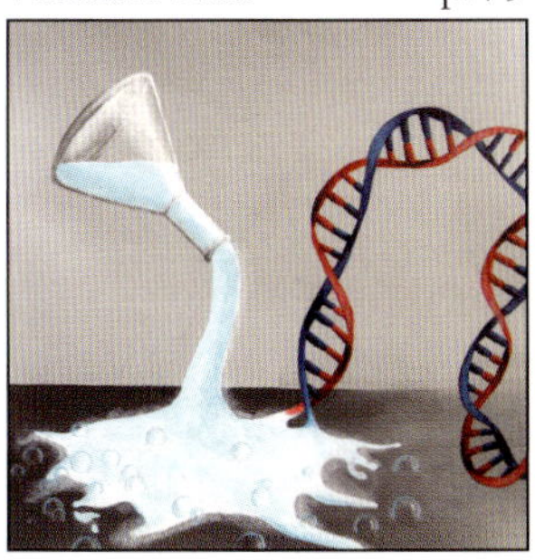
Valentina Nini p. 83

Valentina Nini p. 87

Stefano Pietramala p. 88

FONTI DELLE CITAZIONI

AA.VV., *L'acqua è volata in cerca di… colori, suoni, sorgenti, rumori,* MC Editrice, Milano 2003.

AA.VV., *Le trecce della faraona. Favole del Burkina Faso, raccolte a Tanlili e dintorni,* Coop Lombardia, Milano 2002.

Alfonso M. Di Nola, *Apocalissi apocrife*, TEA, Milano 1993.

Anne Cheng, *Storia del pensiero cinese*, Einaudi, Torino 2000.

Annick de Souzenelle, *Il femminile dell'essere*, Servitium, Troina (EN) 2008.

Antoine De Saint-Exupéry, *Il Piccolo Principe,* Bompiani, Milano 1989.

Antonella de Palma - Sandra Savogin (a cura di), *Una città. Venezia, la memoria dell'acqua,* Società di Mutuo soccorso Ernesto de Martino, Venezia 2009.

Bibbia, versione CEI (Conferenza Episcopale Italiana).

Brian Goodwin, *Dovuto alla natura,* Aboca, Sansepolcro (AR) 2009.

Fritjof Capra, *Arte e natura nel genio di Leonardo,* BUR, Milano 2007.

Giovanni Pugliese Carratelli (a cura di), *Le lamine d'oro orfiche,* Adelphi, Milano 2001.

Giuseppe Faggin (a cura di), *Inni orfici,* Āśram Vidyā, Roma 1991.

Ignazio Silone, *Fontamara,* Mondadori, Milano 1988.

Jan Julius Lodewijk Duyvendak (a cura di), *Tao Te Ching. Il libro della Via e della Virtù,* Adelphi, Milano, 1973.

Jean-Eduardo Cirlot, *Dizionario dei simboli,* Eco, Milano 1996.

Károly Kerényi, *Gli dei della Grecia,* Il Saggiatore, Milano 1994.

Leonardo da Vinci, *Delle acque,* Sellerio, Palermo 2001.

Leonardo da Vinci, *Frammenti letterari e filosofici,* a cura di E. Solmi, Giunti, Firenze 1979.

Luigi Bonelli (a cura di), *Corano,* Hoepli, Milano 1979.

Marco Manunta, *Fuori i mercanti dell'acqua,* MC Editrice, Milano 2001.

Michela Bianchi (a cura di), *Diritti in gioco. Bambini, donne, uomini, acqua, terra, cibo, sapere,* MC Editrice, Milano 2004.

Pablo Neruda, *Il fromboliere entusiasta,* Guanda, Parma 1998.

Raimon Panikkar, *I Veda,* Rizzoli, Milano 2001.

Renè Guènon, *Simboli della scienza sacra,* Adelphi, Milano 2010 (10ª ed.).

Aristotele, *Metafisica.*

Eraclito, *Frammenti.*

Esiodo, *Teogonia.*

Johann Wolfgang von Goethe, *Canto degli spiriti sopra le acque.*

Platone, *Crizia.*

Talete, *Frammenti.*

COLLANA il lampionaio

Nella stessa collana

Paolo De Benedetti - Michela Bianchi
Sento rido soffro e ti guardo. Animali, gli altri abitanti della Terra
illustrazioni di Francesco Santosuosso

Paolo De Benedetti
Gatti in cielo
immagini di Michele Ferri

Théodore Monod
Pace al serpente e al popolo dei topi
disegni dell'autore

Michela Bianchi, Geraldina Colotti, Vittorio Franchini, Silvio Oggioni
L'acqua è volata in cerca di…
colori, suoni, sorgenti, rumori

Diritti in gioco
Bambini donne uomini acqua terra cibo sapere
a cura di Michela Bianchi

Henri Olama
Le mappe degli adinkra
20 simboli per raccontarsi

Esma e Nacer Khemir
L'alfabeto del deserto
Ventotto lettere, ventotto favole

Pierre Aroneau
Le chiavi della grande muraglia
I caratteri cinesi raccontano

Michela Bianchi
Bungalow 217. L'avventura di Lù
Esplorazioni di turismo sostenibile con laboratorio per le scuole

S. Khanna, G. Wolf, A. Ravishankar
Giochi suoni rumori esperimenti favole
con qualsiasi materiale

G. Wolf, A. Ravishankar
Marionette burattini e pupi
Trasforma il mondo e mettilo in scena

Geraldina Colotti
Scuolabus
disegni di Vauro

Mario Giordano
Topo De Rattis contro l'impero
(degli scarafaggi)
illustrazioni di Sabine Wilharm

Mario Giordano
Topo De Rattis e la sfida di Iskander
illustrazioni di Sabine Wilharm

Sezione Un mondo suonato

Vittorio Franchini
Quando il tamburo creò il mondo
Conoscere, costruire, suonare gli strumenti musicali africani

Vittorio Franchini
Arco arcobaleno berimbau
Conoscere, costruire, suonare gli strumenti musicali sudamericani

Finito di stampare presso GECA S.p.A. nel mese di dicembre 2010